昔、喫茶店で
食べたパフェが
懐かしい。

やっぱり
イチゴパフェ！

パフェって、
どこで
生まれたの？

生クリームが
盛り盛り。
見た目が華やか！

茶の
フェが
好き！

パルフェ＝
パフェ？

コーン
フレークは
なし派！

パ
嫌いな
いない

上に乗ってる
サクランボや
ミントは、
いつ食べよう。

What is Parfait?

手土産に
できたら
いいのに。

レート
ェが
き！

JN221217

パフェと
サンデー、
どう違うの？

人になって
食べるのは
ずかしい？

背の高い
グラス。

フルーツ
パフェが好き！

ゆっくり
食べたいけど、
溶けてくる
……。

1,000円超えって
高い？ 安い？

コンビニ
パフェって
おいしいの？

ファミレス
でしか
食べたこと
ない。

主食代わりの

パフェ123本を食べて考えた

TOKYO PARFAIT SCIENCE

東京パフェ学

斧屋 著

Tokyo parfait Perfect Guide

Perfect Guide Tokyo parfait

THE CASE STUDY OF 123 PARFAITS

文化出版局

パフェ三原則

一、空きっ腹に食うべからず

パフェは精神に彩りを与える一方で、我々に謎をかけ、精神に快い負荷をかけるものでもある。だから、肉体的に余裕のない状態でパフェを食べてはいけない。

一、創り手の意図を考えよ

よいパフェには、創り手のパフェ観が凝縮されている。それを推し量りながら、あるいは謎解きをする気分で食べ進めるべし。そこに新たな発見がある。最高のパフェには、必ず驚きがある。

一、時間と金をかけよ

パフェをよく味わうためには、時間をかけてゆっくりと食さなければならない。また、よりよきパフェと出会うために、お金を惜しんではいけない。

凡例

表層
器からはみ出している部分。フルーツを盛ったり、アイスが乗っていたりと、パフェの華やかさを演出する。パフェのテーマがここに端的に表れる。

トップ
パフェの頂上部分。典型例としては、イチゴやサクランボ、またはミントの葉が乗っているイメージ。

深層
パフェの食べ終わりで、食後の余韻に寄与する。ある意味、最もパフェの実力が試される層である。

器
パフェの外観の一部であり、パフェの構成・バランスにも影響を及ぼす大事な要素。

中層
器の内部。氷菓やゼリーやムース、あるいはサクサクした生地など、パフェによってバラエティに富む。ほかの層と混ざってもおいしく食べられるようなものが多い。

【パフェ】（parfait）

パフェは、背の高い透明なグラスにアイスや生クリーム、フルーツなどを盛りつけたデザートというのが一般的なイメージである。日本の飲食店のデザートメニューの中では最も手の込んだ部類のもので、かつ非常にポピュラーなデザートである。フルーツのほかに、チョコレートと抹茶を使ったメニューも多い。「パフェ」はフランス語でparfaitと表記し、英語ではパーフェクト（perfect）、完全・完璧の意味の単語である。完璧なデザートの意味で「パフェ」と名付けられたのか、あるいはフランス菓子の「パルフェ」から来ているかは定かでない。ちなみに、フランス菓子のパルフェは平皿で提供される氷菓で、日本のパフェとは全く異なる。

序文に代えて

パフェは究極のエンターテインメント

パフェは食べ物ではありません。

それは、エンターテインメントです。その美しさに魅せられ、その香りに酔い、その味に心躍らせる。サクサクの食感や音まで、すべての知覚を刺激し、全身体的な快楽を与えてくれる嗜好品です。だからそれは、食べるものではなく、体験するものです。おいしいだけのものではなく、楽しいものです。

パフェは不思議なデザートです。非日常的なご褒美感がありながら、同時にとても安っぽいイメージを抱く人もいるかもしれません。食事ではないのに、妙に量が多い。そんなどっちつかずの曖昧な、変な存在です。

中身も自由で、デザート的なものであればなんでもいいし、そうでないものが入っていてもいい。むしろパフェをパフェと決定づけるのは器の形状かもしれません。または、それが作る層の構造かもしれません。食べ物の名称が、中身ではなく、器とか層の構造によ

って決まるとは、なんて面白いのでしょう。いや、やはりだからこそ、パフェは食べ物ではないのです。おそらくは日本独自の進化を遂げた、究極の娯楽なのです。

本書は、東京近郊で食べられるパフェのガイド本であり、またパフェというものを考えるための手引きでもあります。本流であるフルーツパフェから始まり、パティスリーや和風のパフェ、銀座のパフェ、ファミリーレストランや定食屋さんのパフェ、コンビニや手土産のパフェといったさまざまなパフェの紹介。そして、それらひとつひとつのパフェに込められた思想や、パフェの概念や歴史についても迫っていきます。

とはいえ、パフェの解釈は人それぞれです。正しいパフェのあるべき姿や、正しい食べ方が1つに決まるわけではありません。ぜひ実際にその身でパフェを体験して、楽しく食べるための皆さん自身の「パフェ観」を持っていただければ幸いです。筆者である私自身もまた、長大に伸びる「パフェ道」を歩き始めたばかりです。一緒に、驚きに満ちたパフェの世界の深みにはまりませんか。

斧屋（おのや）パフェ評論家、ライター。雑誌『装苑』などにパフェやアイドルについてのコラムを執筆。ブログでも独自の視点でパフェのレポートを行っている。http://onoyax.blog.fc2.com

目次

斧屋×能町みね子対談 「弟が、パフェについて熱く語っている件」……80

食べ歩いて31軒 東京パフェガイド……89

食べたい時に会える ファミレスのパフェ……8・30・46

デパ地下で見つける 手土産パフェ……72・88

〈写真ストーリー〉 パフェのある風景……28・54・62

〈コラム〉 パフェの深い話……121

エリア別索引……126

＊掲載している価格は、(税込)表示以外、原則として消費税抜きの価格です。＊特別な休業日（年末年始、お盆など）は原則的に割愛しています。＊掲載商品には季節や入荷状況によって取り扱いのないもの、取材時の限定品なども含まれています。

＊パフェの内容、価格、ショップデータなどの掲載情報は2015年1月取材当時のものです。2017年1月に改訂をしていますが、変更の可能性があります。

FAMILY RESTAURANT

食べたい時に会える、ファミレスのパフェ

- vol.1 -

Royal Host

大事なことは、みんなこのパフェから教わった。

STRAWBERRY BRULEE PARFAIT

塩キャラメルアイスなど3種のアイスとソルベが入るのもうれしいし、グラハムビスケットの食感もいい。何度でも食べたい。苺のブリュレパフェ650～680円。

栄養価の高いアサイーとヨーグルト、そして最近よくパフェに使われるグラノーラ。とっても健康的なパフェ。アサイーとヨーグルトのパフェ380～430円。

ACAI YOGURT PARFAIT

とにかくまず、「苺のブリュレパフェ」を食べてほしい。開発上のどれだけの試行錯誤や創意工夫のもとでこのパフェができ上がったかは、バナナの使い方ひとつを見てもよく分かる。構成も、味や食感のバランスもパーフェクト。多店舗を展開するレストランで、こんなにすばらしいパフェをこの価格で食べられることは奇跡的だ。また、ロイヤルホストは2014年9月から、旬の国産フレッシュフルーツを使った季節限定デザートメニューも展開している。定期的にチェックして季節のパフェも食べ逃さないように！

ロイヤルホスト http://www.royalhost.jp

※販売の有無、価格は一部店舗で異なります。

TOKYO PARFAIT
SCIENCE

FRUITS PARFAIT

果物のパフェ

＊＊＊

フルーツパフェは、フルーツが主役だ。
だから引き算の思想になる。余計なもの
を削ぎ落とし、フルーツを引き立てる。
フルーツ果実の香り、味、食感。果物の
よさだけ。そのただ一点が際立てばいい。

GINZA SEMBIKIYA

銀座千疋屋

フルーツパーラーの元祖が作る、果物のためのパフェ。

メロンの豊潤さは
人を狂わせるに十分だ。

マスクメロンパフェ

甘味・酸味・苦味の
バランスよし。

チョコレートと柑橘パフェ

明治27年創業の老舗果物店。大正2年に世界初の果物食堂フルーツパーラーを開業した。ちなみに「フルーツパーラー」は2代目社長、齋藤義政氏が作った造語だという。さて、フルーツポンチの起源は大正12年冬。当時、宴会の食前酒に飲まれるような、カクテルに薄い果物が乗っている飲み物があった。寒い冬に果物を食べてもらう工夫として、その飲み物の果物の量を増やしてフルーツポンチというものを考案したそうだ。そうした果物のデザートは大正末期あたりからいろいろと考案され始めたようなので、パフェも昭和初期くらいに生まれたのではないか、と銀座千疋屋専務の松村功さんは話す。歴史の話はこれくらいにして、パフェを見ていこう。代表的なメニューの銀座パフェは、口が広めの器に季節のフルーツが美しく盛られる。生クリームの盛り方も特徴的だ。

口の広い器に季節のフルーツが盛り盛り。

中層には自家製シャーベット2種とバニラアイス。最後まで勢いよく食べ終わるパフェだ。マスクメロンパフェは、メロンの力を全面に押し出す。下まで入ったメロン果肉に陶酔するのみ。

銀座パフェ

（左）季節のフルーツとシャーベットがたっぷり。1,728円（税込）／（中）マスクメロン、メロンシャーベットを存分に。1,944円（税込）／（右）柑橘とチョコの絶妙な取り合わせ。1,404円（税込）

銀座千疋屋
〈銀座〉

東京都中央区銀座5-5-1／☎03-3572-0101／🕐2F 11:00～20:00(19:30LO)、日祝11:00～19:00(18:30LO)、B1F 11:00～17:30(17:00LO) 無休

FRUITS PARFAIT
11
果物のパフェ

TAKANO FRUIT PARLOUR

タカノフルーツパーラー

新宿本店

フルーツ文化の旗手。パフェに命を懸ける店。

柿のグラニテって、
食べたことありますか？

柿のパフェ

冬に食べたい
HOTパフェ！

シナノスイートの
HOTパフェ

明治18年創業、新宿に本店を構える老舗果物専門店。パフェメニューを開発する森山登美男シェフは「フルーツクチュリエ（仕立て人）」という肩書。果物を様々な形へと変化させ、それらを組み合わせて総体としての美を創り上げる。それは細かな技巧を凝らして仕立てるドレスのようだ。パーラーでは、多い日で1種類500本のパフェが出されるというから驚く。初めて行く人には、定番のフルーツパフェがおすすめ。純粋にフルーツのおいしさを味わえる感動的なパフェだ。柿のパフェのように、タカノはパフェにしづらい果実もおいしく仕立ててくれる。また、新しいパフェの形として、HOTパフェも面白い。温かいフルーツソースをかけることで、温度と風味の変化を味わえるのだ。期日限定、時間帯限定のメニューもあり、「パフェを単なるデザートという分野

タカノの伝統的スタイルにして、最高傑作。

フルーツパフェ

（左）11種類のフルーツとアイスとシャーベット。1,296円（税込）／（中）柿ソース、柿グラニテ、柿シャーベット。柿はここまでおいしくなった。1,728円（税込）／（右）リンゴのミニパフェ、グラスデザート、ソースの3点セット。1,728円（税込）

にとどめるのではなく、いろんな場面で楽しめるということを提案していきたい」と広報の久保直子さんは話す。フルーツ文化、パフェ文化の旗手として、今後もタカノから目が離せない。

タカノフルーツパーラー新宿本店
〈新宿〉

東京都新宿区新宿3-26-11 5F
☎ 03-5368-5147／🕒11:00～21:00（20:30LO）／無休

SHIBUYA NISHIMURA FRUITS & PARLOR

渋谷西村フルーツパーラー

老舗パーラーの実力。変幻自在のフルーツパフェ。

特別な金のお皿が光り輝く。

特選葡萄パフェ

秋らしい2色の組み合わせ。

2色クリームのマロンパフェ

渋谷スクランブル交差点近くにある果物店&フルーツパーラー。1階の果物店ばかりに気を取られて、2階のパーラーの存在を知らない人はもったいない。常時10種以上のパフェを、季節メニューを入れ替えながら1年中楽しませてくれるお店なのだ。西村は明治43年に高級果物店を創業、昭和11年にフルーツパーラーを開設した。専務の西村元孝さんによれば、当時、市井のフルーツパーラーの中でも先取りしてパフェを販売していたとのこと。さて、定番のフルーツパフェは細身のグラスの表層にフルーツ、その下にきれいな層構造ができている。アイスやソルベやジュレ、そして透けて見えるフルーツの美しさ。それぞれの果実がおいしく、深層のジュレまで一気に食べられる。特選葡萄パフェは秋限定。それぞれの季節に「特選」と名のつくパフェがあり、自分へのご褒美

フルーツパフェ

の意味を込めたリボン柄の器と、金の皿で出てくる。金の皿は他のお客さんから見たときに特別なものとわかるようにとのこと。たくさんのパフェに迷いたいなら、迷わずこのお店に行こう。

(左) フルーツが品よくグラスに収まる。980円 (税込) / (中) シャインマスカット、ピオーネ、巨峰の3種。2,000円 (税込) (右) 渋皮マロンと黄色いクリームの組み合わせ。1,350円 (税込)

渋谷
西村
FRUITS & PARLOR

渋谷西村
フルーツパーラー
〈渋谷〉

東京都渋谷区宇田川町22-2 2F / ☎ 03-3476-2002 / 🕒 10:30 ～ 23:00 (22:30LO)、日祝 10:00 ～ 22:30 (22:00 LO) / 無休

KAJITSUEN LIVER

果実園リーベル

生命力の横溢《おういつ》としてのパフェ。

ブルーベリーの螺旋階段。

スリーベリー

平皿でも、パフェと言う。

今月のパルフェ

目黒駅近く、料理もおいしくいただけるフルーツパーラー。その名の通り、果実の魅力を存分に味わえるお店で、料理を頼むとついてくるサラダにもフルーツカットがしっかり添えてある。パフェメニューは季節ものを合わせて常時10種類ほどを提供。果実園フルーツパルフェにしてもスリーベリーにしても、ここのパフェは美しさよりも前に、果実の生命力を一義に考えている気がしてならない。フルーツを盛るというよりは、果実そのものの生命力のほとばしりによって、結果的にパフェグラスをはみ出してしまった、という姿に見えるのだ。だから食べ進めていても、終始果実の力に気圧《けお》されて、負けてしまいそうになる。いやこの場合、気持ちよく負かされることが正解なのだ。その月ごとに変わる今月のパルフェは、必ず平皿で提供される。平皿のパフェは、食べ手

果実園フルーツパルフェ

フルーツの、みなぎる生命力が伝わってくる。

（左）季節のフルーツがこぼれる寸前。中にはアイスが盛りだくさん。950円／（中）3種のベリーが、文字通りてんこ盛り。1,200円／（右）月ごとに季節のフルーツで構成する。1,150円

に食べる順番を選ぶ自由が与えられる分、グラスのパフェとはまた気分が全然違ってくる。パフェでお腹がいっぱいになったら、手土産に果実たっぷりのズコットを買っていこう。

果実園リーベル
〈目黒〉

東京都目黒区目黒1-3-16 プレジデント目黒ハイツ2F／☎03-6417-4740／🕒7:00～23:00（22:30LO）／無休

FRUITS PARLOR FUKUNAGA

フルーツパーラーフクナガ

心も身体も喜ぶ、元気が出るパフェ。

7種のブドウを使った濃厚なパフェ！

葡萄のパフェ

最もおいしい食べ頃の洋梨をがぶり！

洋梨のパフェ

（左）ナガノパープル、巨峰、シャインマスカット、ゴルビー、ピオーネ。シャーベットにキャンベル、ベリーA。1,000円（税込）／（右）洋梨と洋梨のシャーベット、赤いザクロがかわいい。950円（税込）

四谷三丁目、果物店の2階にある老舗のフルーツパーラー。季節の果実と自家製シャーベットで、果物づくしのパフェが楽しめる。「心と身体が喜ぶものを、季節感をもって丸ごとおいしく食べてほしい」とマスターの西村誠一郎さん。西村さんのパフェ観はシンプルだ。「果物がパフェに変わっただけ」。つまり、果物を最もおいしいタイミング、おいしい姿で提供することがすべてなのだ。3日がかりで作るというブドウシャーベットの濃厚さは、身体を丸ごと幸福感で満たしてくれる。子どもも、仕事に疲れたOLも、みんなを元気に笑顔にするパフェだ。

フルーツパーラー
フクナガ
〈四谷三丁目〉

東京都新宿区四谷 3-4 ｆビル 2F ／☎ 03-3357-6526 ／🕒 月火木金 11:30 ～ 20:00、水 15:00 ～ 20:00、土 11:30 ～ 18:00 ／日祝休

FRUITS PARLOR GOTO

フルーツパーラーゴトー

果物を　知って食べれば　なお楽しい。

旬の果物をてんこ盛り!

(左) 刀根柿 (とねがき)、紅玉、西海 (さいかい) みかん、ザクロ、スウィーティオバナナ、ゴールドパイン、キウイ。830円 (税込) ／ (右) ゴールドパインは甘味が強く、舌も痛くならない。720円 (税込)

本日のフルーツパフェ

こんなにパインっておいしいの?

フィリピン産のゴールドパインのパフェ

浅草花やしきの近く、ひさご通り商店街にあるフルーツパーラー。季節の果物を使った自家製アイスとコンフィチュールの入った多種多彩なフルーツパフェは絶品だ。そのうえ、家族連れのお客さんにも楽しんでもらえるようにと、驚きの低価格で提供している。メニュー表には、果物の産地やパフェの中身の説明があり、それを知ったうえで食べるのが楽しい。「何を食べているか分からないのでは面白くないだろうし、生産地による違いや生産者の思いも分かってほしい」とオーナーの後藤浩一さん。果物を知ることで、パフェをより深く味わえるお店だ。

フルーツパーラーゴトー〈浅草〉
東京都台東区浅草2-15-4
☎03-3844-6988／🕒11:00～19:00／水休

SHISEIDO PARLOUR SALON DE CAFÉ

資生堂パーラー

銀座本店 サロン・ド・カフェ

普遍的なおいしさと、進化するおいしさと。

ストロベリーパフェ　　九州産 和栗のパフェ

（左）イチゴとイチゴのアイス、バニラアイス、イチゴソース。パフェの王道。1,730円（税込）／（右）大粒の栗、マロンアイス、マロンクリームでモンブラン風に仕上げた。1,830円（税込）。2014年10月のメニュー。

明治35年、ソーダ水やアイスを販売する日本初のソーダファウンテンとして誕生した資生堂パーラー。遅くとも昭和30年代には出していたというストロベリーパフェは、シンプルな構成をそのままに、ずっと愛され続けている。「イチゴはあまりにも主役すぎるので、シンプルでいい」と飲料長の橋本和久さん。一方、栗のパフェは細かい技が光る。ラングドシャやロイヤルティーヌで食感を出し、抹茶やラム風味のゼリーが栗を引き立てる。気品のあるくびれたパフェグラスは、細かい層構造を堪能しつつ、飽きずに食べられるちょうどよいサイズだ。

資生堂パーラー 銀座本店 サロン・ド・カフェ〈銀座〉

東京都中央区銀座8-8-3 東京銀座資生堂ビル3F／☎03-5537-6231／🕒11:30～21:00（20:30LO）、日祝11:30～20:00（19:30LO）／月休（祝の場合営業）

SEIJO LE FRUITIER

成城ル・フルティエ

カウンター席で楽しむパフェ。シンプルゆえの強さ。

ワイングラスに、マスクメロンが上品に座る。

イチジクの断面って、美しい。

マスクメロンパフェ

イチジクパフェ

（左）マスクメロンに甘さ控えめの生クリーム、バニラアイスのシンプルな構成。1,050円（税込）
（右）イチジクとの相性で、キャラメルアイスを使用。850円（税込）

以前、成城学園前の駅ビルにあった洋菓子店「オテル・ドゥ・スズキ・フルーツ」。名前も新たに、2014年に「成城ル・フルティエ」としてオープンした。カウンター席で10種類ほどのパフェが食べられる。目の前で美しいパフェができる様子を眺められるのが楽しい。お菓子屋さんを強く押し出さず、フルーツをベースにしたシンプルなパフェ。シンプルは、ごまかしがきかないということ。手をかけすぎずに、素直に分かりやすい味を追求しているという。果物はもちろん、生クリームもバニラアイスも圧倒的においしい。

成城ル・フルティエ
〈成城学園前〉

東京都世田谷区成城 6-8-5
☎ 03-3483-1222 ／ 🕘 9:00～20:30 ／不定休

PETIT MONDE

プチモンド

22

昔から変わらない、果物屋さんの実直なパフェ。

フルーツが、下まで、ごろりと。

まるく並んだイチゴのかわいさ。

フルーツパフェ　　ストロベリーパフェ

（左）メロン、オレンジ、イチゴ、キウイ、リンゴ、パインなどのフルーツ。バニラアイスに生クリーム。850円（税込）
（右）イチゴとイチゴアイス、懐かしい味のパフェ。850円（税込）

赤羽駅近く、果物屋さんのパーラーで食べられるパフェ。戦前から家がずっと果物屋で、店の移転を機に念願のパーラーを開いたという関元修さん。毎朝4時に起きて、おいしい果物を仕入れに行く。パフェは季節の果物とバニラアイスでシンプルに。グラスの底までごろごろと果物が詰まった、こんなパフェはなかなかお目にかかれない。「下まで入っていると喜ばれるから。果物の単価は高いけど、お客さんの笑顔が一番の儲けみたいなもの」と関元さんは笑う。丁寧にパフェができ上がるのをゆっくりと待つ時間も含めて、のどかなひとときを過ごしたい。

プチモンド〈赤羽〉
東京都北区赤羽台 3-1-18
☎ 03-3907-0750／🕘 9:00～18:00／木金休

FLEUR DE SAISON

フルーフ・デゥ・セゾン

にぎやかな果実の会話が聞こえそう。

種なしブドウを皮ごといける。

美しきおしくらまんじゅう。

（左）10種類以上の季節のフルーツが下までどっさり。フルーツのシャーベットが3種。1,500円（税込）／（右）ナガノパープルとシャインマスカットがいっぱい。1,300円（税込）

フルーツパフェ

ぶどうのパフェ

この店を知らない人は、秋葉原駅から徒歩5分、末広町駅から徒歩2分で行けるところに、こんな名店が隠れているなんて、と思うことだろう。秋葉原とは思えない静かな通りに、緑豊かなお店のたたずまい。フルーツを使ったシャーベットやパフェ、ジュースを存分に楽しめるお店だ。季節のパフェも絶品だが、まず食べるべきはフルーツパフェ。器から身を乗り出して自己をアピールするにぎやかな果物たち。シャーベットが3種入った後も、生クリーム以外は果物だけ。そしてそれらすべての果物がおいしいのだ。最後までときめきの続くパフェに大満足。

フルーフ・デゥ・セゾン〈末広町〉

東京都千代田区外神田4-11-2／☎03-5296-1485
🕙10:00～19:00（18:30LO）、土日祝11:30～19:00（18:30LO）／水木休

FRU-FULL

ホットケーキパーラーフルフル

季節がめぐり、表情を変えるパフェ。

大粒のプルーンのインパクト。
国産イチゴをたっぷりと。

（左）イチジク、和梨、パイン、オレンジなど、季節のフルーツ。プルーン、ナタデココの食感が楽しい。1,200円（税込）／（右）愛知県産の紅ほっぺを使ったパフェ。1,500円（税込）

フルーツパフェ　　いちごのパフェ

2012年に惜しまれつつも閉店した老舗、万惣フルーツパーラーの職人さんが赤坂に開いたお店。ホットケーキとともに、季節の果物を使ったパフェが人気だ。季節限定のパフェとしては、マンゴー、イチゴ、ブドウ、マロン、洋梨のパフェを出している。定番のフルーツパフェは、味の変化を出すための大粒のプルーンと、大きめにカットされた果実が、盛りやすいラッパ型のグラスに飾られている。表層に盛る果物が変わっていくため、同じフルーツパフェでも季節ごとに見た目がだいぶ異なるのが面白い。季節が移るごとに、旬の果物に会いに行きたくなる。

ホットケーキパーラーフルフル〈赤坂〉

東京都港区赤坂 2-17-52 パラッツオ赤坂 1F／☎ 03-3583-2425／🕒 11:00 ～ 20:00（19:30LO）、土日祝 11:00 ～ 18:30（18:00LO）月休（祝の場合翌日休）

CAFÉ COMME ÇA

カフェコムサ

池袋西武店（旧ベリーパーラー）

感動と発見、フルーツの百花繚乱。

常軌を逸した、美しさ。
花びらをぺらり、マンゴーのかおり。

マンゴーローズブーケのパフェ

ミックスベリーキャラメルのパフェ

（左）甘いマンゴーのバラの花束をキャラメルアイスと合わせる。1,800円（税込）／（右）ストロベリー、ラズベリー、ブルーベリー、ブラックベリーがグラスに咲く。1,500円（税込）

女性のパティシエが、お客様ひとりひとりのためにお花をお届けするという「オートクチュールパフェ」をコンセプトとするカフェコムサ。ワイングラスを使ったブーケを見事に創り上げる。このパフェ、見た目だけではない。国産フルーツにこだわり、専門のフルーツプランナーができる限り産地を訪れて厳選した、希少性の高いフルーツを使用している。国産の新しい品種を知ることができる、フルーツの発信基地でもあるのだ。パフェは果物とアイス、香ばしいパイ生地のシンプルかつ飽きない構成。行くごとに新しい発見のあるお店だ。

カフェコムサ 池袋西武店
〈池袋〉
東京都豊島区南池袋1-28-1
西武百貨店池袋本店 本館7F
☎03-5954-7263／🕒10:00～21:00（20:00LO）、日祝10:00～20:00（19:00LO）
不定休

注目する理由

Why fruits parfait?

なぜ、フルーツパフェなのか。それは、美しくて、おいしくて、お得なデザートだからだ。

フルーツパーラーの職人の確かな目利きは、季節の果物の最もおいしいタイミングを見逃さない。そして、果実そのままの姿だけではなく、コンポート、シャーベットやゼリーといったあらゆる最適化された形へと変化させ、絶妙に調和された美の総体として提供してくれる。それはそれは、芸術品のようなパフェが目の前に現れ、その薫り立つ風味で私たちを酔わせるのだ。

たくさんの種類の果物が入ったフルーツパフェは、その果物ひとつひとつを買うことに比べて格段にお得でもあり、かつ自分ではきれいなフルーツカットも、美しい盛りつけも上手にできないのだから、お店でパフェを食べるのが一番よいのである。つまり、果物についての、もっとも良き体験をできる方法が、フルーツパフェなのだ。

だから、むしろ、なぜフルーツパフェを食べないのか、ということなのだ。

フルーツ、一期一会。

季節により、旬の果物が移り変わるさまを感じることは無上の喜びだ。イチゴ、サクランボ、桃、メロン、イチジク、ブドウ、洋梨、栗……。次々にパフェの主役が入れ替わっていく。その時々の旬の果物をおいしく食べ、そして次の果物の到来を待つ。そのサイクルが楽しい。

日本の果物農家はすごい、とよく聞く。手入れが行き届いていて、ひとつひとつの質がとても高い。また、品種改良で、次々と新しい果物の品種も生まれている。最近、パフェの名前に品種を用いたものをよく見る。イチゴのパフェでなく、あまおうのパフェ。ブドウのパフェでなく、シャインマスカットのパフェ。そんな風に、パフェを通して新たな品種を発見し、味わうことができる。パフェは果物との出会いの場でもあるのだ。時に、果物の生産地や生産者まで明記するものもある。大量生産された匿名的なものではなく、顔が見える固有性へ。パフェとの、果物との一期一会を大切にしていきたい。

フルーツパフェに

健康のために果物を食べよう。

日本人は果物をあまり食べない。表にあるように、欧米と比べて、歴然と少ないのである。お店の人からも、果物が売れなくなっているという話をよく聞いた。加工品は好まれても、とにかく生の果実が好まれない。理由は、皮をむくのが嫌だとか、苦味や酸味を嫌うということがあるようだ。

そんな中、2000年に国の指針で、果物は毎日の食生活にとって必需品であるとの位置づけがなされた。そこで業界関係者や有識者で組織された「果物のある食生活推進全国協議会」が、「毎日くだもの200グラム運動」を始めたのである。

果物を食べるのに、パフェは絶好の方法である。パフェは嗜好品のイメージが強いかもしれないが、健康のためにパフェを食べる、という文化が定着してもよいのではないかと思う。

日　　本	140グラム
欧州の平均	249グラム
北米の平均	275グラム
アジアの平均	181グラム

日本人の1人1日あたりの果物摂取量（他国との比較）2011年　出典：FAO「FAOSTAT」）参考：http://www.kudamono200.or.jp/number/answer_06.html

食べて、ためて、また食べる。

季節ごとにたくさんのパフェを提供してくれるフルーツパーラーは、スタンプカード（ポイントカード）を用意してくれるところも多い。タカノフルーツパーラー、渋谷西村フルーツパーラー、フルーツパーラーフクナガ、ベリーパーラー 池袋店などなど。四季折々のパフェと出会いながら、スタンプカードがたまる楽しみを味わうのもよい。スタンプがたまったら景品と引き換えたり、お買物券として使えたりもするけれど、たまっていくプロセスそのものが楽しいものだ。

パフェのある風景

マッターホーン

MATTERHORN 〈学芸大学〉

29

老舗洋菓子店のほっとするパフェ

昭和27年創業の洋菓子屋さん。包装紙に用いられている洋画家・鈴木信太郎の素朴な絵柄の雰囲気そのままに、店内を温かで優しい空気が包み込む。喫茶室でいただく「チョコレートパフェ」は、自家製チョコソースとフルーツがおいしい。730円。

マッターホーン〈学芸大学〉
東京都目黒区鷹番3-5-1／☎03-3716-3311／🕒ショップ9:00〜19:30、喫茶室10:00〜19:30（19:00LO）／火休（祝の場合営業）

FAMILY RESTAURANT

食べたい時に会える、ファミレスのパフェ

- vol.2 -

大戸屋 ごはん処 OOTOYA

ワンコインで、おいしいパフェが食べられる。

ZUNDA PARFAIT

ずんだを使ったパフェは珍しい。塩味のあるつぶつぶのずんだあんが、ずんだプリンとミルクアイスの甘さを引き立てる。ずんだのパフェ 496 円（税込）。

PEACH PARFAIT

アールグレイゼリーの香りの強さ、サヴァイヨンクリームのふんわりと軽い食感と酸味に、桃のコンポートがよく合う。桃のパフェ 464 円（税込）。

おいしいパフェがワンコインで食べられるなら、どうですか。そりゃ、食べますよね。大戸屋で定食を食べて、何かデザートを食べたい、となった時に、パフェの面々が私たちを待っている。季節限定のパフェも得意げに、どうですか、と誘ってくる。無添加のアイス、旬の食材、層による味や食感の変化。パフェであることのメリットを存分に生かしたメニューの数々が並んでいるのだ。そしてこの量がいい。食後に無理なく食べられる適量であり、テーマに沿った食材による無駄のない構成ができる。定食屋で出すパフェの正解がここにある。

大戸屋　http://www.ootoya.com

TOKYO PARFAIT
SCIENCE

PÂTISSERIE'S PARFAIT

パティスリーのパフェ

＊＊＊

パティスリーのパフェは、組み合わせを大事にする。だから足し算の思想になる。ひとつひとつの要素の調和。パティスリーの技術を駆使し、細かな要素を一緒に食べ合わせることによる快楽を追求する。

パフェは、自由度が高い。アステリスクは、その自由をお客さんに委ねる。パフェに入れる2種のソルベ（カシス、マロン、マンゴー、フレーズなど）を選べるのだ。ケーキのような完成形とは違って、お客さんがそれぞれの主観で選んで好きに食べてほしい、と和泉さんは話す。一方パティシエとしてのこだわりで、ミルク風味の強い生クリーム、水を使わない果実の本質のようなソルベ、毎朝焼くシュトロイゼル、すべてが抜群においしい。確固たる土台のもとに委ねられた自由を楽しもう。パフェの提供は、おいしく食べられる晩春から夏にかけて。

アステリスク
〈代々木上原〉
東京都渋谷区上原1-26-16 タマテクノビル1F／☎03-6416-8080／🕙10:00～20:00（平日18:00 LO、土日18:30 LO）／月休

確固たる土台のもとで、
自由を謳歌しよう。

ASTERISQUE
アステリスク

パティシエ
和泉光一さん

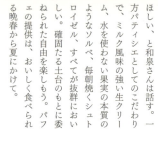

マンゴーパフェ

インパクトのある形状の器に、アーモンドの入ったメレンゲとパイがそびえ立つ、マンゴーベースのパフェ。自分で選べる2種類のソルベ（マンゴーとカシス）。粒の細かいシュトロイゼルが食感のアクセントに。900円（税込）。

パティシエの巨匠の名店。店内にカウンターを設け、デザートができ上がるプロセスをも楽しめる「カウンターデザート」が大きな魅力だ。「六感」で味わっていただきたい、五感以外の、それぞれの人によるもう一感を感じてほしいという鎧塚さん。氏のパティシエの原点は、子どもの頃に百貨店の屋上で食べたチョコレートパフェ。年に1、2回しか食べられなかったご褒美で、とても思い入れが強いという。テイクアウトではないデザートは、その時の思い出とともに記憶に残る。そのライブ性こそが、それぞれの六感めを刺激してくれるのかもしれない。

トシ・ヨロイヅカ
〈六本木〉
東京都港区赤坂 9-7-2 東京ミッドタウン・イースト 1F／☎03-5413-3650／🕒ショップ 11:00～21:00、サロン 11:00～21: 00LO／火休（サロンは営業）

オーナーシェフ
鎧塚俊彦さん

「六感」で味わう、
至極のカウンターデザート。

TOSHI YOROIZUKA
トシ・ヨロイヅカ

パルフェ・オ・ショコラ TOSHI風

チョコレートでできたろうそくのような美しいパフェ。フランボワーズ、トンカ豆のアイス、ザクザクとした食感のショコラのラングドシャ、チョコレートのアイス、一番下はアプリコットの酸味。1,130円（税込）。

アントルメグラッセ（アイスケーキ）と生グラス（生アイス）のお店。2階のカフェでは、アイスを使ったデザートメニューが楽しめる。パフェメニューも、季節の果物を取り入れながら常時提供。「パフェは一体感、バランスが大事」と江森さん。混ぜて食べた時に、いかにおいしく食べられるかを考え、素材の大きさ、風味、食感を構成していくその作業の緻密さ！　断面の美しさを見せるために、ブルーベリーを切るそのひと手間にも感動を覚える。店員さんが生き生きと楽しそうにしているのも印象的。こちらも自然と心が躍ってしまう。

グラッシェル
〈表参道〉
東京都渋谷区神宮前 5-2-23
☎ 03-6427-4666 ／ 🕒 11:00 ～ 20:00（カフェ 19:00LO）／火休（祝の場合営業）

シェフパティシエ
江森宏之さん

妥協なき緻密さで、
美とバランスのパフェを。

GLACIEL
グラッシェル

ストロベリーパフェ

表層は新鮮な国産イチゴ。シャーベットにはパッションの種を入れて食感を出す。深層のコンポートは色味と香りでまさるヨーロッパ産のイチゴ。グラノーラ入りの香ばしいシュトロイゼルと混ぜて食べると、絶妙の一体感。1,300円。

代々木上原の洋菓子店。入口と後方の両面から光が入り、内装の木の素材感と相まって、温かみを感じさせるお店だ。下に広がりのあるワイングラスをパフェに用いるのは、「楽しみが減らないように」と中林さん。パフェは月ごとに変え、また年によって違うので、同じメニューを出したことがない。また、最近は1つの主役ではなく、2つの食材の掛け合わせがテーマになってきたと語る。「驚き」を大事にする中林さん、今回のパフェでは一番下にご褒美っぽくサツマイモを入れている。そんな心遣いがうれしいパフェに、また会いに行きたい。

パティスリー
ビヤンネートル
〈代々木上原〉

東京都渋谷区上原1-21-10上原坂の上 21 番館 1F／☎03-3467-1161／🕒11:00～20:30／不定休

驚きを、大事に。
楽しみは、減らないように。

BIEN-ÊTRE PÂTISSERIE
パティスリー ビヤンネートル

シェフパティシエ
中林麻衣子さん

焼きりんごと
さつまいものパフェ

リンゴとサツマイモの絶妙な掛け合わせ。蒸したサツマイモと味の凝縮した焼きリンゴ。リンゴのグラニテにバニラアイス。深層にはサツマイモのペーストと、アーモンドのそぼろ状のクッキー。1,080円（税込、コーヒー or 紅茶付き）。

都立大学、新しさの中にも伝統が息づくお菓子を届けるパティスリー。イートインでは、季節の果物を用いたパフェが食べられる。背の高いグラスを使っているので、パフェの構成には気を遣うという高山さん。「重くてさっぱり、を目指している」と一見謎めいたことをおっしゃる。ところが実際に食べてみるとその通り。これだけの量で、アイスが計3つも使われている「重さ」がありながら、さっぱりとした味わいで最後まで一気に駆け抜けてしまう。小さい子どもも食べに来るパフェなので、奇をてらったことはしないという、正統派のパフェだ。

ドゥー パティスリーカフェ〈都立大学〉
東京都目黒区八雲1-12-8
☎03-5731-5812／🕙10:00～19:00（カフェ～18:30）
月休

現在は移転し、「リムヴェール パティスリーカフェ」としてオープン
※写真は取材当時のものです。

リムヴェール パティスリーカフェ
東京都世田谷区祖師谷1-8-14
☎03-3483-2621

重くて、さっぱり。
そんなことが、あるのだ。

D'EUX PÂTISSERIE CAFÉ

ドゥー パティスリーカフェ

シェフ
高山浩二さん

**マンゴーと
ココナッツのパフェ**

背の高いグラスに、白とオレンジのグラデーションが美しい涼やかなパフェ。生クリームをたっぷり使い、フローズンマンゴー、ココナッツミルクアイスを2つとマンゴーアイス、ミルクプリン。1,000円（税込）。

ホテルニューオータニが毎年行っている「いちごフェア」。サツキでは、博多あまおうを使った上品なパフェを提供する。イチゴとミルクのような「王道の味の組み合わせを壊したくない」と話す中島さん。パフェを見た時にイメージできる味を作り出すことを大事にするという。一方、マカロンやアーモンドミルクのように、現代的なものも取り入れ、王道とトレンドを絶妙のバランスで両立させる。パフェの構成は、温度や食感のバランスをとりつつ、層を進むごとにだんだん味を濃くしていく展開。最後までイチゴを味わい尽くせる名品だ。

サツキ〈赤坂見附〉
東京都千代田区紀尾井町4-1 ホテルニューオータニ ザ・メイン ロビィ階／☎03-5275-3177／🕒6:00～24:00 無休

創造性あふれる、
王道とトレンドの共存。

SATSUKI
サツキ

シェフパティシエ
中島眞介さん

いちごパフェ

トップにマカロン。あまおう果実と、アーモンドミルクの生クリーム、ミルクジェラート。トロトロとした食感のイチゴジュレの層とバニラアイスの層を、スポンジ生地を蓋にすることで美しく区切る。1,900円（11:00～17:00の提供。税・サービス料別）。

「ショコラティエが創るパティスリー」をコンセプトに、世界各国のショコラ素材を活かしたマカロン、ケーキなどの絶品スイーツを提供している。併設のカフェで、チョコを使って冷たいものと温かいものをどう食べさせるか、の答えとしてパフェメニューは考案された。器を高く細いものにすることで、溶けたものが少しずつ下に流れ、混ざり合っておいしく食べられる仕組みだ。スイーツの新しい着想は、ブランドの服や絵や建築物といった身の回りの美的なものから得るという江口さん。パフェもまた、おいしさを兼ね備えたひとつの美術品なのだ。

パティスリー＆カフェ デリーモ〈赤坂見附〉
東京都港区赤坂3-19-9／☎03-6426-5059／🕒11:00～21:00（20:00LO）／月休（祝の場合翌日休）

ショコラティエが届ける、
美的感性の結晶。

DEL'IMMO

パティスリー ＆ カフェ デリーモ

シェフパティシエ
江口和明さん

**ラズベリー
ピスターシュ**

ラズベリーのソルベ、カカオ66%のチョコチップが入った56%のチョコレートクリーム。ピスタチオのアイス、フィアンティーヌ、冷凍ラズベリー。温かいチョコソースをかけて、溶かしながら食べる。1,260円（税込）。

FAMILY RESTAURANT

食べたい時に会える、

ファミレスのパフェ

- vol.3 -

不二家レストラン

不二家のエッセンスが詰まったパフェ。

ミルキーソフトクリーム、ミルキークリームロール、カントリーマアム、ホームパイ。不二家を象徴するパフェだ。ミルキークリームロールのミルキーソフトパフェ799円。

チョコとバナナの鉄板の組み合わせ。アイス3段盛りで最後までアイスづくし。チョコレートアイス、バニラアイス、チョコレートアイス。チョコレートパフェ745円。

イチゴがかわいい王道のパフェ。ストロベリーアイス、バニラアイス、ストロベリーアイスの3段盛り。ストロベリーパフェ745円。

老舗洋菓子店不二家のレストランでは、伝統の洋食とパフェやホットケーキのスイーツメニューを楽しめる。パフェメニューは多いが、中でも不二家のさまざまな人気のお菓子を盛り込んだ「ミルキーソフトパフェ」と銘打たれたパフェには、不二家のエッセンスが詰まっている。オリジナル製法によりコクとキレのあるミルキーソフトクリーム、ふわふわで真っ白なロール生地になめらかなミルキークリームがたっぷり入ったミルキークリームロール。カントリーマアムやホームパイの食感もうまくマッチして、幸せな気分に浸れるパフェだ。

不二家レストラン http://www.fujiya-fs.com

※販売の有無、価格は一部店舗で異なります。

TOKYO PARFAIT SCIENCE

JAPANESE PARFAIT

和風のパフェ

＊＊＊

和風のパフェは、主役であり脇役でもある〝茶〟が、どのように生かされているかに注目。茶の苦みは、味の振り幅を確保して、パフェに奥行きを与えるだろう。さて、どんな姿でほかの素材と絡むか。

SARYO TSUJIRI

茶寮都路里

東京・丸の内で、琴の音響く花見小路に迷い込む。

食べるお茶、千姿万態。

抹茶とほうじ茶、玄米茶の３種類のゼリー、抹茶と玄米茶のわらびもち、抹茶アイスと玄米茶アイスも入ったお茶づくしのパフェ。大丸東京店限定メニュー。1,468円（税込）

特選茶々パフェ

宇治茶の老舗、祇園辻利が若い世代へとお茶の良さを伝えるため、昭和53年に創業した茶寮都路里。抹茶をお菓子に用いること自体が珍しかった時代より、良質の宇治抹茶を使ったあんみつやパフェなどのスイーツを提供してきた。東京でも京都のことを思い出してもらえるようにと、店内は花見小路をイメージしたつくり。琴の音響く店内で、飾られている舞妓さんの絵を眺めながらパフェをいただく。甘いものが苦手な人でも食べられるようなあっさりとした味わい。抹茶、ほうじ茶、玄米茶が様々に姿を変えて現れ、「食べるお茶」を存分に堪能できる。

茶寮都路里〈東京〉
東京都千代田区丸の内1-9-1
東京駅八重洲北口 大丸東京店10F／☎ 03-3214-3322
🕒 10:00 ～ 20:00（19:30 LO）、木金 10:00 ～ 21:00（20:30 LO）／不定休

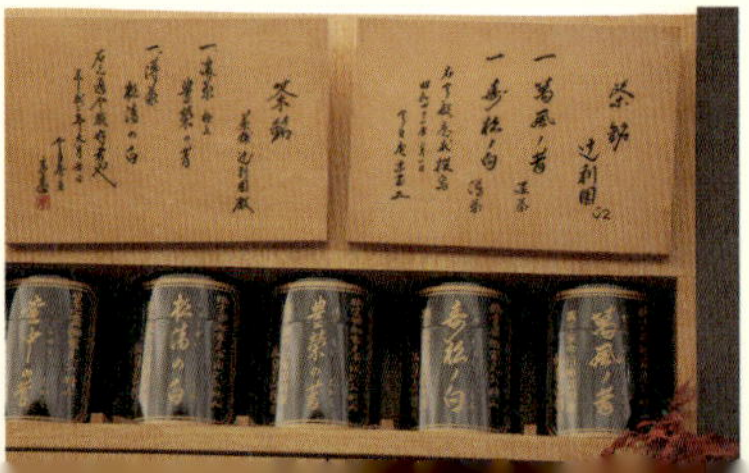

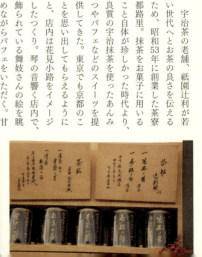

GION TOKUYA

ぎおん徳屋

くるくると移り行く景色はまるで万華鏡のよう。

食べる前に、しばし見とれる。

本わらびもち、抹茶と黒蜜のアイス、豆乳ベースの抹茶プリン、抹茶の寒天に黒糖の寒天、豆乳ベースの小豆のプリンなどが入った鮮やかなパフェ。1,300円(税込)

ぱふぇ

京都祇園の甘味処が原宿に出店。本わらびもちや花見こもちといった至上の和菓子が楽しめるお店だ。和菓子に関心がない若い方にも楽しんでもらいたいと、原宿店限定でパフェメニューを提供。それにしても、この表層の美しさと、手の込んだ多層構造はどうだ。上から覗けば、甘夏ミカンや、抹茶アイスとその上にかかった抹茶の粉、黒糖アイスとあられ、はったい粉を練り込んだせんべい、そこかしこに金粉。中層では栗の甘露煮の砕いたものや、胡麻の素焼きあられで食感を出すなど芸が細かい。掘り進めるごとに変わる景色に快いめまいを覚える。

ぎおん徳屋〈原宿〉
東京都渋谷区神宮前 2-31-12 ユナイテッドアローズ 原宿本店 ウィメンズ館内 1F／☎ 03-5772-6860／🕒12:00～20:00(19:30LO)、土日祝11:00～20:00(19:30LO)／無休

TSURUYA YOSHINOBU

鶴屋吉信

この抹茶は、どこまで深いのか。

白玉、小倉あんに抹茶蜜がほどよく絡む。

抹茶のアイスと抹茶のゼリー、バニラアイス、白玉、小倉あん。香ばしい最中種が添えられている。1,080円（税込）

抹茶パフェ

伝統を守りつつも、既成概念にとらわれずに和菓子のおいしさを追求する京菓子の老舗、鶴屋吉信。茶房では季節の生菓子や素材にこだわったメニューが楽しめる。抹茶のパフェは、器の中に十分な空間も確保する点に、和の美学を感じさせられる。また、浅く、口の広がった器なので、食べ進め方は比較的食べ手に委ねられている。ただ、食べ始めは最中種の香ばしさからがよいだろう。京都の日本茶専門店の抹茶を使った抹茶アイスは、口の中でざわめき、あふれ出す香りが、どこか深いところへと連れて行ってくれる。目をつぶって、その深みを楽しもう。

鶴屋吉信〈三越前〉
東京都中央区日本橋室町1-5-5 COREDO室町3 1F／☎03-3243-0551／🕒10:00～21:00、菓遊茶屋 10:30～20:00（19:30LO）／無休

CAFÉ COCOOCEN

カフェ コクセン

上質な時空間が、黒船の名菓にそっと寄り添う。

ふわっと、ほわっと、黒船カステラ。

焙じ茶アイス、白玉、あんこ、生クリーム、焙じ茶羹。黒船ラスキュと黒船カステラが味わえるお得なパフェ。850円（税込）

焙じ茶パフェ

作りたてのカステラ、どらやきなどのお菓子で人気のブランド「黒船」。自由が丘本店の2階はカフェになっており、落ち着いた空間で黒船のお菓子を使ったメニューを味わうことができる。焙じ茶パフェは、ぜひドリンクセットで抹茶と一緒に楽しみたい。お店の真ん中に茶釜があり、そこで店員さんが抹茶を入れてくれる。そのプロセスを見ているのもまた楽しい。さて、パフェは黒船のラスキュとカステラを効果的に用いた一品。どれか1つが強く主張するわけでなく、全体としてほんわかした調和を感じられるパフェだ。

カフェ コクセン
〈自由が丘〉
東京都目黒区自由が丘1-24-11／☎ 03-3725-0038／
🕒11:30～18:30（18:00LO）
月休（祝の場合翌日休）

OMOTESANDO CHACHANOMA

表参道 茶茶の間

日本茶とパフェ、どちらも主役。

選べるアイスは、抹茶、黒糖、バニラの3種。

選べるアイス、本わらび餅、白玉、小豆、焙じ茶寒天。お抹茶セット・本日の特選茶セット 1,800円。本日のお茶セット 1,500円

NEW 茶茶パフェ

全国から厳選した30種類以上の茶葉を扱う日本茶の専門店。お茶の淹れ方や味わい方の相談もできる、日本茶の情報発信地。日本茶ソムリエから説明を受けながら、凝縮された一煎目、そして二煎目と、味の変化をゆっくり楽しむ。「あ、お茶とは、時間を味わうという体験でもあるのだ」と気づく。人気メニューの茶茶パフェは2014年にリニューアル。玄米フレークの上にみるくムースが入り、フレークのサクサク感を長く楽しめるようになった。お茶の苦みで甘みがよく引き立ってくるパフェ。お店で飲んだお茶の葉を買って、家でも楽しんではいかが。

表参道 茶茶の間 〈表参道〉
東京都渋谷区神宮前 5-13-14
☎ 03-5468-8846／🕒ショップ 11:00 ～19:00、ランチ 11:00 ～14：30LO、カフェ 11:00 ～18:00LO（なくなり次第終了）／月休（祝の場合翌日休）

MORINOEN

森乃園

ほうじ茶のことを知りたかったら、このパフェ。

何から何まで、ほうじ茶づくし!

最中あん、白玉、ほうじ茶クリーム、ほうじ茶アイス、ほうじ茶ゼリー、バニラアイス、寒天に黒蜜。1,080円（税込）

ほうじ茶パフェ

老舗や名店の集まる人形町の甘酒横丁。大正3年創業の森乃園は自家焙煎ほうじ茶と甘味処のお店。1階では茶葉や人気のほうじ茶ソフトを販売、2階の甘味処ではほうじ茶を使ったスイーツが食べられる。一番人気のほうじ茶パフェは、ほうじ茶アイス、ほうじ茶風味の白玉、ほうじ茶ゼリー、ほうじ茶のクリームなど、ほうじ茶を味わい尽くせるパフェだ。栗やミカン、ぎゅうひが彩りを添えて、見た目にも楽しい。ほうじ茶のわらびもちやぜんざいとのセットメニューを頼めばより完璧。身も心もほうじ茶の海にたゆたうことになるだろう。

森乃園〈人形町〉
東京都中央区日本橋人形町2-4-9／☎03-3667-2666
🕒12:00～18:00（17:00LO）、土日祝 11:30～17:30（17:00LO）／無休

パフェのある風景　名曲・珈琲　新宿らんぶる　COFFEE L'AMBRE〈新宿〉

昭和が香る喫茶店パフェ

新宿の中心地に、いまも古き良き時代の雰囲気を残すらんぶる。階段を降りながら望む、地階の200席は壮観。昭和30年からの椅子やテーブルを残す店の雰囲気全体が、パフェ体験を引き立てる極上のBGMとなる。チョコレートパフェ800円(税込)。

名曲・珈琲
新宿らんぶる〈新宿〉
東京都新宿区新宿 3-31-3
☎03-3352-3361／🕘9:30～23:00(22:30LO)／無休

コンビニでここまでやる。ミニストップ商品開発物語。

もっとも気軽にパフェが食べられる場所、それはコンビニ。中でも2000年以降、異常とも思える力の入りようで、パフェメニューを開発してきたのがミニストップだ。そのこだわりの秘密をレポート。

左より、お話を伺った、ミニストップスイーツ商品部の井野口裕介さんと中間美奈子さん

フルーツパフェの真髄

ミニストップのフルーツパフェが、年々進化している。なによりもまず、おいしい。ミニストップでは、2014年の春から秋にかけて、マンゴーパフェ、メロンパフェ、白桃パフェ、まるごとぶどうパフェを順次発売した。フルーツパフェをコンビニで出すこと。そのためには物流や加工における多くの課題をクリアしなければならない。一体そこにはどんな秘密があるのだろうか。

ミニストップのパフェの中でも、圧倒的なNo．1の人気を誇る「マンゴーパフェ」。そのおいしさの秘密は3つ。

マンゴー果肉は、香り豊かで濃厚な味わいのマハチャノックというタイ産の品種を使用。より甘さを引き出す「追熟」という工程を経て一口サイズにカット。その後、急速冷凍を行い、マンゴーの自然な甘みとフルーティーな香りを閉じ込めている。ソースはアルフォンソマンゴーのピューレを贅沢に使用。隠し味には爽やかな酸味がアクセントのパッションフルーツ果汁を加えている。

マンゴーパフェは2006年に発売を開始したが、ソースだけは毎年いろいろと配合を工夫して変えているそう。

そして、「ソフトクリーム バニラ」。スイーツにこだわる大人の女性にも満足してもらえるよう、磨きをかけたとのこと。詳しくはめくった次のページで。

風味が抜群。ミニストップNo．1のパフェ。

マンゴーパフェ

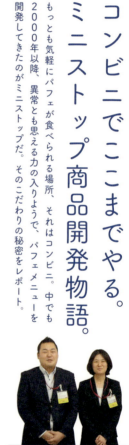

物流と加工の限界に挑戦、

四の五の言わずとも、食べてみれば分かる。とにかくマンゴーパフェはおいしい。凍らせた果肉でも風味がしっかりしていて、ソースとソフトクリームとの相性も抜群。何度でも食べたくなる逸品だ。

さて、2014年8月に発売された「まるごとぶどうパフェ」は、構想8年を経て商品化された、ミニストップ初のブドウのパフェ。その開発までの経緯を追っていこう。

ミニストップでは、フルーツパフェの企画は1年前から構想する。前年に実験販売を行い、消費者の反応を見て、またお店のオペレーションも確認して、翌年の発売となる流れだ。ブドウのパフェについては、2006年の秋に実験販売したが、本格発売には至らなかったという経緯がある。

メロンパフェ

メロン果肉にピューレがおいしく絡む。

その原因は日本のブドウ文化にあった。日本では、皮をむき種を取って食べるのが主流だったが、海外では皮ごと食べるブドウが主流だ。食べやすさを考え、商品開発をする際にチリ産の皮ごと食べられる種なし品種を採用したが、当時は文化的に抵抗があったのか、売り上げは苦戦してしまったそうだ。

しかし、ここ数年、海外産のブドウの輸入量が増え、皮ごと食べられる種なしの品種の認知度も高まることで、日本にブドウのパフェを受け入れる土壌ができてきた（実際、国産でも皮ごと・種なし品種をよく見るようになってきた）。

そしてもうひとつ、ブドウの健康機能が、ブドウを皮ごと食べるという食べ方を世の中に浸透させることになった。ブドウに含まれるポリフェノールが、皮の付近に多く存在するということが認知されるようになってきたのだ。これらの追い風を受けて、再度商品開発を行い、ついに「まるごとぶどうパフェ」が発売されることになった。

白桃パフェ

柔らかく、程よい甘さと食感が楽しめる。

そんなまるごとぶどうパフェのおいしさの秘密は3つ。深い味わいが魅力の、チリのクリムゾンという品種のブドウを凍らせることで、風味をしっかり閉じ込め、またお店で解凍した時にパリッとした食感が出せること。着色料を使わない香り高い濃厚なソースを使っていること。そして、1粒1粒をソフトクリームと絡めることでゆっくり味わえること。

実際に食べてみると、「こんなにブドウが入っているの?」と驚くほどのブドウの量。そして皮ごと食べることで、異なる食感を感じることができ、飽きずに食べられるおいしいパフェになっている。

まるごとぶどうパフェ

食感のよい皮ごとブドウがたんまりと。

年々進化を遂げていく、プリンパフェに心が躍る

ミニストップのパフェ、人気No.2は秋から春先にかけて発売される「パステルなめらかプリンパフェ」だ。

従来よりプリンパフェは人気の高いパフェだったが、2013年より、名古屋発祥のスイーツ店「パステル」監修によるプリンパフェを発売したところ人気商品となった。2014年も、パステル監修のもと、その春にリニューアルしたコクのある「ソフトクリーム バニラ」に合うように作りこんでいる。

パフェの中身を見ていくことにしよう。生乳の配合を高めることでより濃厚な味わいとなったプリンを、ソフトクリームバニラと合わせている。カラメルソース、ローストシュガーが加わって、深い味わいに。プリンのなめらかな口どけはそのままに、気温が低下する季節でも楽しめるパフェとなっている。

個人的な好みを言うと、トッピングのローストシュガーが絶品だ。パフェは基本的には柔らかい食材を多く使用するが、その分適度な歯応えがほしくなることがある。ただしそれがパフェ全体の流れを止めてしまうようなものであっては困るのだが、このローストシュガーは、食感もありつつ、いつの間にか溶けてくれるので、他の要素を味わうのに全く邪魔にならない。こうした脇役がいい仕事をしているパフェは、本当にすばらしい。

もうひとつ芸が細かいのは、カラメルソースの配置だ。ついつい上からかかっているだけ、となりがちなところを、中層にもしっかり絡ませることで、最後までプリンとソースを飽きずに食べ進めることができる。こういったひと手間を惜しまないところに、ミニストップのパフェの強さがあると感じる。それぞれの素材が役割を果たし、ひとつの完成されたパフェとなっている。

2014年11月には、第2弾として、数量限定で「塩キャラメルプリンパフェ」も発売された。ほろ苦く甘さを抑えたキャラメルプリンを使用。ローストアーモンドの塩味とかりっとした食感も楽しめるパフェだ。

今後も、新たなプリンパフェの登場はあるのだろうか。ミニストップのプリンパフェの動向からも、目が離せない。

POINT 1
濃厚なプリンがソフトクリームに合う！
POINT 2
ローストシュガーの食感が絶妙！
POINT 3
カラメルソースが中にも入ってる！

マイスターが作る、珠玉のソフトクリームをどうぞ

パフェに欠かせない「ソフトクリーム バニラ」は、ミニストップの看板商品である。1980年のミニストップ創業以来、コールドデザートの歴史を牽引してきた存在だ。ミニストップのソフトクリームへの熱の入れようは並大抵ではない。発売以来進化を続けてきたが、2014年にリニューアルして、さらにおいしくなった。

ミニストップのソフトクリーム バニラは、産地にこだわる。北海道産の新鮮な生乳と生クリームを使用。国産卵黄でコクが深まり、マダガスカル産のバニラを増量することで、香りが一層引き立った。濃厚でありながら、重すぎず、飽きのこないバニラにすることで、子どもから大人まで楽しめる味わいとなっている。また、ソフトクリームのなめらかさはクリームのオーバーラン（空気の含有量）で決まるが、これを店内の機材で適切に調整することで、舌触りのよいクリームができあがっている。

そんなミニストップのこだわりは、店舗のソフトクリーム作りの現場にも。なんと、ソフトクリームのすべてを知るスペシャリストには、「ソフトクリームマイスター」という称号が与えられるのだ。いつでも同じ量のソフトクリームを美しく作ることができるか、またソフトクリームの機材を適切に扱えるか。毎年開催されるソフトクリームマイスター大会で知識・技能試験に合格した人だけが、その称号を手にすることができる。筆記試験ののちに実技試験が行われ、実際にソフトクリームを作って、重さ、高さともに規定内かどうか審査される（高さについては定規で厳密に測るという）。

この試験は2003年から行われ、2014年春現在で、のべ3万人近くがソフトクリームマイスターに合格している。マイスター認定者がいるお店には認定証（タペストリー）が掲示してあり、マイスターに認定された個人には特製のバッジが渡され、ユニフォームの胸辺りにつけられているとのこと。ミニストップに行った際には、ぜひ認定証とバッジを探してみては。そしてマイスターのお手並みに期待しつつ、おいしいパフェを食べたいものだ。

さて、これだけの熱量をかけて作り上げているソフトクリーム バニラが220円（税込）で買える。高いクオリティを誇るソフトクリームの値段としては、驚きの価格ではないだろうか。ソフトクリームはほかにも、「プレミアムベルギーチョコソフト」「安納芋ソフト」「ぶどうソフト」といった期間限定の商品が多数展開されている。

パフェでいつもお世話になっているソフトクリームだけど、コーンも食感と口どけにこだわった力作のようなので、今度はそちらも食べてみようかな。

のべ合格者数、
28,258人！
（2014年春現在、社員除く）

1. 技　術　規定通りの加工ができる。
2. 知　識　機械の仕組みを知り、適切に調整できる。
3. リーダーシップ　従業員同士で注意・指導ができる。

なぜコンビニがパフェなのか？ その理念に迫る

それにしても、なぜミニストップはここまでパフェに情熱を注ぎこむのだろうか。

ソフトクリームを使ったパフェと比べるとあまり知られていないかもしれないが、チルドコーナーのスイーツの中にも、ミニストップは常時複数のパフェを用意している。こちらのパフェの種類だけでも、他のコンビニより圧倒的に多いのだ。季節感を反映した見た目も華やかな商品が、次から次へと開発され、私たちを楽しませてくれる。

昔からフルーツ、スイーツにこだわっているというミニストップ。他の大手コンビニに、店舗数では勝てない。でも、規模が小さいゆえに、手の込んだスイーツを提供できるのではないか。そんな逆転の発想があったようだ。

ミニストップと言えば、他のコンビニに先駆けてイートインのスペースを確保し、コンビニとファストフード店を融合させた「コンボストア」というスタイルで差別化を図ってきた。そこからは、単なる小売以上のものを目指したいという企業理念が伝わってくる。

ミニストップは地域密着型とも言われる。厨房で作って、渡す。その場で作るもののやり取りによって、お店の人とお客さんの距離感が近く感じられるということもあるのかもしれない。

パフェの話に戻ろう。厨房で作るパフェについては、カップはここ十年ほど変えていないとのこと。形の変更も何度か検討されたが、この形が計算し尽くされたものという結論に。華やかに見えるように上は広がり、下は細めに。量が多くなりすぎないという特徴がある。「もうちょっと食べられるかな、食べたいな」という腹八分目の方が、また食べてもらえるので、というなかなか商売上手なミニストップさん。フルーツのよさを味わってほしいので、コーンフレークは入れないとのことだ。チョコ系のパフェでは食感のよいクランブルを入れるなど、素材をしっかり吟味している。

パフェを始めた2000年以降、その種類は多様を極める。これまで販売したパフェの種類は100を超えている。全国2000店舗以上あるコンビニで、その場で作るというオペレーションの大変さの中でこれに挑むということに、並々ならぬ企業の熱情を感じずにはいられない。そして、手をかけるからには売れる商品をということで、ミニストップのパフェはおいしく美しく進化してきたのだ。

ソフトクリームだけじゃない。チルドコーナーにもパフェが！

塩キャラメルパフェ

ミルフィーユパフェ

ベルギーチョコパフェ

チョコバナナパフェ

パフェの売れ方から、パフェ文化について考える

最後に、ミニストップでのパフェの売れ方を手掛かりに、パフェ文化について考えたい。

まずは平日と週末の比較をすると、週末の方が倍くらい売れるという。そして週末のファミリー層が目立つとのこと。このことから、パフェはやはりハレの日の娯楽として消費するという側面が読み取れる。

お昼の時間帯に、OLがチルドケースのパフェをお弁当と一緒に買うというケースも多いようだ。こうしたことを想定して、チルドケースのパフェは小さめに作ってある。お弁当ともう一品スイーツが食べたい、という時に手の届く価格帯なのがうれしいところ。一方、飲食店に取材した中では、パフェを食事代わりにする女性も増えていると聞いた。

深夜に食べる人も意外に多いという。飲んだ帰りとか、あるいは深夜3時くらいにパフェを食べに来るお客さんがいるとのこと。夜にスイーツを食べるという文化には、もっと日の目が当たってもいいのではないかと思う。

ところで、コンビニは男性率がそもそも高い場所ということで、ミニストップでは多くの男性もパフェを頼むようだ。男性がケーキ屋にひとりで買いに行くことはできないが、コンビニでなら買えるという気軽さがあるのでは、とのこと。最近はコンビニでも男性をターゲットにしたスイーツが続々発売されるようになり、スイーツ好きの男性が増えていることをうかがわせる。

大ざっぱながら、パフェを食べる文化について少し考えてみた。ここから分かるのは、ミニストップのパフェが、以上のような多様な欲望や食習慣をうまく包摂しているということである。それだけ、誰が食べてもおいしいと思えるパフェなのだ。あらためて、ミニストップのパフェは、すごい。

老若男女に愛される、
パフェのバラエティに
ただただ感服。

MINI STOP

ミニストップ
http://www.ministop.co.jp/

ミニストップ
コールドデザートの歴史

1980	ソフトクリーム登場
1995	ハロハロ誕生→かき氷とソフトの融合
1997	ワッフルソフト誕生→高級志向へ
2000	パフェ誕生！

パフェのある風景
パーラーキムラヤ
KIMURAYA PARLOUR〈新橋〉

レトロ喫茶、こだわりのチョコシロップ

昭和41年の創業から変わらない姿で、パーラーキムラヤは今もサラリーマンの憩いの場であり続けている。「チョコレートパフェ」は、甘さを控えた自家製のチョコレートシロップがこだわりのポイント。おかげでぺろりと食べられる。580円。

パーラーキムラヤ〈新橋〉
東京都港区新橋2-20-15 新橋駅前ビル1号館B1／☎03-3573-2156／🕒7:30～22:00、土11:00～18:00／日祝休

出してきた、パフェに魂を懸ける名店。

中野屋

開店より10年以上にわたって、見る者を驚かせ、
食べる者を楽しませてきたCａｆé中野屋。
そのパフェは、独創の極地に達するかに見えながらも、
その領域を日々拡大し続けています。
その世界観の一部をここに紹介しましょう。

いつも中野屋のパフェを食べると、
感じることがあります。
「違う世界に連れて行ってくれる」

桜あんのモンブラン仕立て、
桜の花弁入りメレンゲと抹茶アイスのパフェ
950円（税込）

150以上の独創的なパフェを生み

Café

それは食べるという経験ではなく、
エンターテインメントを楽しむという体験。
五感を刺激する最高の快楽がここにあります。

それにしても、パフェって何なのでしょうか。
見れば見るほど分かりません。
分からなさは驚きを生み、驚きは楽しさを生みます。
そのパフェとやらに、身を委ね、ただ酔いましょう。
漂着する先が楽園と信じて。

ラム酒の香るバナナのソテーとリ・オレ
それぞれの素材を大切にした大人のためのシンプルなパフェ
1,200円（税込）

「理不尽さを楽しむということ」

斧屋 × 中野屋店主 森 郁磨さん 対談

この店がすごいのはパフェだけではない。むしろ、理念や思想に基づいた店のあり方そのものが、パフェ体験を引き立てているのだ。店主の森さんに、Ｃａｆé中野屋にかける思いを伺った。

誰もが思いつくようなことはしない

斧屋（以下、斧）オープンは２００４年の春ですね。開店にまつわる話をまずは聞かせていただけますか。

森 郁磨（以下、森）建物は建ててあるけど、何をしようかと考えていた社長さんに出会い、カフェをやらないかという話になりました。老舗の和菓子店、中野屋が母体ということで、和に引っかけた何かをやりたいと。自分はホテルで食に関わることをやってきた経験があったので、パティシエでもなく、和菓子職人でもない料理人がやるのならばというアイデアがいくつかあり、よそにはないものをできるのではないかと思っていました。

斧：パフェをやろうと思ったのはどうしてですか？

森：ケーキを作って、ただお皿に乗せるというのは、やってて自分がつまらないだろうなと。自分自身が飽きないようにするということと、誰もが思いつくようなことはしないということ。すべてが反骨精神なんですけど、「和菓子屋さんが作るパフェだから、あずきが上に乗ってて、抹茶アイスと白玉が入ってて……」というのは扱わずにやってみようと〈1〉。本店の和菓子屋さんで作っているものを少し加工して出しているんだろうとは思われたくなかったですね。経営スタンスとしては、同じものがあったほうがいいのかもしれないですが、ここでしか食べられないものを追求しました。パフェは

〈1〉中野屋はパフェを150種ほど作ってきたが、あずき、生クリーム、コーンフレークが主体になるようなパフェはなかった。コーンフレークは一度も使用していない。また、生クリームは2014年の秋に初めて使用。「茨城産の干し芋〝玉豊〟を使ったモンテビアンコ カシスと新米ジェラートのパフェ」にて。

Café 中野屋〈町田〉
東京都町田市原町田 4-11-6 中野屋新館 1F／☎ 042-725-4104／🕒 11:00～19:00 頃（商品がなくなり次第閉店）／不定休

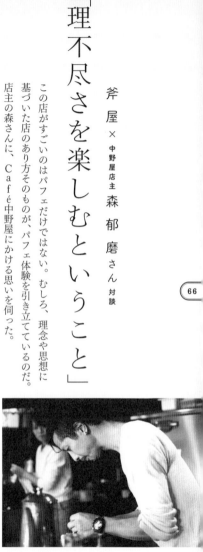

表現も自由ですからね。温かいものとか水っぽいものとかを、途中で入れることができて。ケーキと違って、持ち帰り前提ではないので、形をとどめる必要がないという自由さがあります。器が支えてくれるので、固めずに層にできるっていうのが僕の中でのパフェの特徴です。パフェって、ついついグラスから顔を出している部分の顔はいかに、みたいなところがありますが、僕はそこまでこだわっていません。要は飽きないように食べてもらうのが必要だと思っています。

斧：パフェってネタバレ禁止的なところもありますよね。何が入ってるんだ、みたいな。

森：見えないところでどういうものを入れるか。「たんすは裏の素材を見ろ」っていうのと一緒ですよね。裏の板までちゃんとしたものを使っているのが一流の職人だと言いますけど、そういうものじゃないですかね。間にヨーグレットを入れたりとか〈2〉。絶対必要だろっていう途中のインパクトっていうんですかね。途中から丸っきり味が変わるとか、温かいものが入るとか。とにかく単調なものだとこの量はきついと思うんですね。

斧：中野屋のパフェには驚きがありますよね、うわー、最後ライチか、みたいな〈3〉。

メニュー名が長い

斧：とにかく、パフェの名前が長いですよね。

森：パフェの写真を載せたくないというのがまずあるので、お客さんとのズレを埋めるために説明していったら長くなってしまいました。カフェレベルなのに、フレンチのような感覚と言いますか、メニューを開いた時に、「えっ」みたいな。フレンチでも、出すものを見せたくないからそうなるんです。出てくる楽しみっていうのもおいしさのひとつの要素なので。これはカフェを始める時から決めていました。メニューに初めから写真が載っているってなると、人はその中からチョイスするので、本当に食べたいものかっていうのが、うやむやになるんですね。

斧：ビジュアル勝負で人気メニューが決まってしまいますもんね。

森：当然イチゴとかの見た目が華やかなもの〈4〉の方が売れるので、公平ではないですよね。

斧：「公平ではない」っていうのが、すごく面白いですよね。パフェに対してみんな、フラットな状態で向かってくれっていうことですね。

森：あとは、フルーツパフェとかチョコレートパフェとか、他の店でも出しているようなものがあれば、よその店とどう違うかを見せる必要がありますけど、本当にうちはうちにしかないものなので、写真を載せる必要がないんですね。

斧：お客さんが撮ったパフェの画像を広めるのは許容してますよね。

森：注文したパフェに対してはいいですよと言っています。お金を払ってもらったらお客さんのものなので。でもおすすめのメニューのボード〈5・70ページ〉の写真はダメと言っています。店に入って、お

〈2〉春提供の「ソレントへのオマージュ。デリッツィア アル リモーネのパフェ マスカルポーネのふんわりムース入り」では、途中にお菓子の「ヨーグレット」を砕いたものが入り、食感のアクセントが快い驚きを生む。

〈3〉通年提供の「ライチ&マンゴーのキャトルエピスのパフェ」は、最下層にライチソルベを配置する。最後にパンチの利いた氷菓を持ってこられたら、降参するほかない。

〈4〉たとえば、「オーブンで低温焼成したのち、粉末にしたメレンゲで作ったアイスと博多あまおうで定番のストロベリーパフェをCafé中野屋風に作ったらこうなりました(笑)」は、あまおう果実が花のように配されていて、見た目の華やかさが突出した存在である。

茨城産干し芋〝玉豊〟で作った
モンテビアンコ カシスと
新米ジェラートのパフェ
1,100円（税込）

華やかで、最もパフェらしい。
南瓜とずんだあんでボリューム感あり。

茶豆で作ったずんだあんと
苺・南瓜アイスとダコワーズ生地入りのパフェ
950円（税込）

美しいタワー型の器に飾られた花。
束の間の美しさを愛でたい。

梨とシャインマスカットの
カボス瞬間マリネのブーケパフェ
1,300円（税込）

京番茶のガナッシュと甘納豆のティラミス風パフェ
黒豆きな粉アイスとシュトロイゼルのアクセント
1,000円（税込）

純米大吟醸のサバラン、
福井県鯖江の酒粕のガナッシュとジェラート、
京都宇治濃茶のソルベのパフェ
850円（税込）

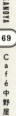

梨をグラスの中へ割り入れる。
秋の扉を叩くパフェ。

幸水梨のグラニテと巨峰の小さなパフェ
モスカートダスティのジュレ添え
850円（税込）

中層に仕込まれた3種の異なる食感の
メロンをとくと味わうべし。

夕張メロンの濃厚グラニテとアイスの淡雪仕立て、
非加熱マルメラータ入りパフェ
1,000円（税込）

花器を使用したパフェ。
日本庭園がそこにあるかのよう。

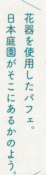

金を払うぞっていう覚悟のある人が楽しむためのツールなので、外の人には関係のない話なんです。

斧：メニューのボードもアトラクションのひとつということですね。

森：下調べとかせずに、何着ていこうかとか、想像を膨らましていくのが楽しいのであって、初めから写真や情報が出てしまっては喜びも何もないですよね。誰が食べたか知らない画像が出てきて、「私がきっと食べたかったのはこれだわ、じゃあ明日行ってみよう」ってならないじゃないですか。だから、必要ないと思うんですよね。うちは本当に、便利さに慣れている人たちが理不尽な体験をしてもらうための環境にしてあるので。

斧：「理不尽な体験」、いい言葉ですね。

理不尽さを楽しんでほしい

森：理不尽さを楽しむということが今の世の中、できていないですよね。道にも迷わせてやろうと思いますし、店の入口もカフェっぽくしてませんし。それでも入ってくる猛者って、それなりの覚悟があって来るという。そういう考えは、お店を始める前からありました。

斧：そうなんですね。なかなか勇気の要る方法論なのかなという気もしますが。

森：そこはでも、なぜか自信はありましたね。来てもらって、驚かせようっていう気はあったので、そこは揺るがなくてよかったなと思います。

斧：今の情報社会で、何でも手軽に知っちゃいたいという欲望ってあると思うんですけど。

森：悲しいですよね。「ほかの店ではみなさんやってるじゃない」って言われたことがあるんですけど。「なんで写真ないの、ほんと不便だわ」「あー、はい……」っていう。そういう方には何とも言いようがないですよね。

斧：それよりも、メニューを見て、出てきたものを見て、戸惑い、驚き、翻弄されるみたいなことを中野屋さんでは楽しんでほしいなと思うんですけどね。

森：まっさらな状態で来てくれればうちは楽しめますよ。いちいち下調べして……とか、必要ないと思うんですよね。効率とか分かりやすさを求める人とかには、うちの店は親切ではないです。でもそういう人たちって、自分が何が好きかとか、どういうものを食べたいかとかっていうものを知らない人たちなので。

斧：ベストセラーの本ばかりを買っていく人たちという。

森：そうですね、ある意味無駄はないのかもしれないですけど、自分ってものが分からなくなる。行く先々でこの店の一番いいものをちょうだいと言えばいいわけですから、すごく無駄がないですけど、自分が何が好きかっていうものは、一生分からないで終わっちゃいますよね。損はしないと思いますけど。それは僕、嫌ですし、嫌いなものでも、自分が創造できないものには果敢にチャレンジしたいですし、そうでありたいですよ。お客さんにもそういう気持ちでいてほしいですよね。

〈5〉季節もののメニューについては、額に入った大きなメニューボードが用意されている。通年提供のパフェメニューよりも季節もののパフェメニューの方が多いので、いつも何を食べようか悩まされてしまう。

〈6〉中野屋はパフェだけでなく、うどんも数々の独創的なメニューがある。

〈7〉パフェの盛られたタワー型のグラスが光って登場すると、テンションが上がる。

〈8〉実はパフェの構成に大きな影響を与えているのが温度の問題である。

むずがゆさを残す、飽きないお店に

斧：来させてもらっている立場から言わせてもらうと、友人とか知り合いに「1回行ってみて」って言いたくなるお店ではありますよね。

森：でも1回行ったくらいではむずがゆい感じで帰らざるを得ないみたいな。

斧：「知り尽くしてない感」を残して帰すみたいなところがありますよね。

森：会ってすぐにこんな奴だって分かる人間なんて面白くないじゃないですか。

斧：まだメニューこんなにあるのかよ、また新しくなっちゃったよ、みたいなね。

森：そうですね、うどん〈6〉もそうですけど、隣同士のお客さんで同じものを頼んでも、違うどんぶりで来たりとか、そんなところですね。

斧：器も相当なこだわりがありますよね。

森：洋はそんなに食器で楽しめないですけど、和のいいところは食器で楽しめるということですね。同じものを頼まれても、こっちは皿盛り、こっちはグラスで出しみようかとか、こっちは光らせようとか〈7〉、すごく重要なことだと思うんですよね。お客さんを喜ばせる方法は1種類じゃないので。それの繰り返しで、こっちも進化しますし。

斧：パフェのグラスひとつとっても、どんどん新しいのが出てくるなあと。当然グラスが変われば構成も変わってきますしね。

森：そうですね。これは食べづらいけど、こういう風に食べてもらいたいというビジュアル優先のものもあれば、味の優先性もあり、当然いろいろなパターンがあるんですね〈8〉。上に表情を持たせると、どうしても中が弱くなったりしますし、見た目が野暮ったくてもうまいなみたいな、モンブラン系とかそうですけど、いろんなものがありますが、それが楽しいんじゃないんですかね。1回で2、3杯食べていく人が最近非常に増えていますが〈9〉。

斧：食事化してますよね。

森：いいのか悪いのか分からないですけど、同じ味のパフェは1つもないので、どれ食べても、「なんだよ、上だけ違うだけじゃん」、とかにならないのがうちのよさなので〈10〉。

斧：これはどう来るんだという、物語のタイプが全然違う映画を見ているような気持ちになるんですよね。今後も素敵なパフェを期待しています！

夏場は「溶ける」という問題に対処しなければならないため、パフェを作るのに最も制限の強い季節であるが、中野屋のパフェメニューは夏期も充実している。克服しようという思いがイノベーションを生んだ例のひとつとして、上から氷をかぶせることで全体を冷やすことに成功したメロンのパフェ（69ページ）が挙げられる。

〈9〉2、3杯食べる人に対しては、食べるスピードなどを考慮し、味や構成要素のバランスを変えることがあるという。

〈10〉中野屋の場合、そのメニューのこれのためだけにという仕込みが多い。「もうムキになっているのかもしれないです」と森さん。

絵に描いたようなパフェ。これはアートだ。

1.

星と三日月がなんともかわいらしい。マンゴー果肉、とろけるようなマンゴープリン、マンゴークリームとマンゴー＆オレンジゼリーのコンビネーション。プリンマンゴー・スター 550 円。

2.

器の形がパフェとしては面白く、側面の模様が繊細でなんとも美しい。香り高い水だし珈琲ゼリーに、マスカルポーネのムース、まろやかなカフェラテプリンがマッチしている。水だし珈琲ジュレ 550円。

3.

涼しい。清涼感にあふれたパフェだ。ブルーと透明の２色のメロン風味ゼリーに、とろけるココナッツのブラマンジェ。星形のナタデココとマンゴーゼリーを探すのも楽しい。メロン・ココ 550 円。

器の側面が、絵に描いたようにきれいだ。器に模様がついているのかな、と思って食べる。いや違う、全部お菓子でできている！ 銀のぶどうが毎年初夏より行っている「パフェ・アート」。フルーツ、コーヒー、チョコ、モンブラン。それぞれのテーマで、色とりどりの素材が、種々の器の中で美しく舞う。スプーンですくっては驚き、心躍らせてしまう。美しいだけでなく、このパフェ、実においしいのだ。さあ、今年はどんなアートに出会えるだろう。

銀のぶどう
大丸東京店／小田急新宿店
西武池袋店など
http://www.ginnobudo.jp

TOKYO PARFAIT
SCIENCE

GINZA PARFAIT TOUR

銀座パフェ巡り

＊＊＊

銀座の街を歩く。自然と、気持ちが高揚するのが分かる。歴史と現代性が独特のダイナミズムで融合したこの街で、パフェもいろんな姿で私たちを待っている。さあ、銀座のパフェに会いに行こう。

GINZA PARFAIT TOUR

銀座パフェ巡り

1. 銀座コージーコーナー 銀座1丁目本店／2. 福光屋 松屋銀座店
3. 和光アネックスティーサロン／4. 銀座文明堂 東銀座店
5. ノア カフェ／6. 銀座ぶどうの木
7. ピエール マルコリーニ／8. 銀座 和蘭豆 壱番館
9. リンツ ショコラ カフェ／10. 茶寮 吉兆庵

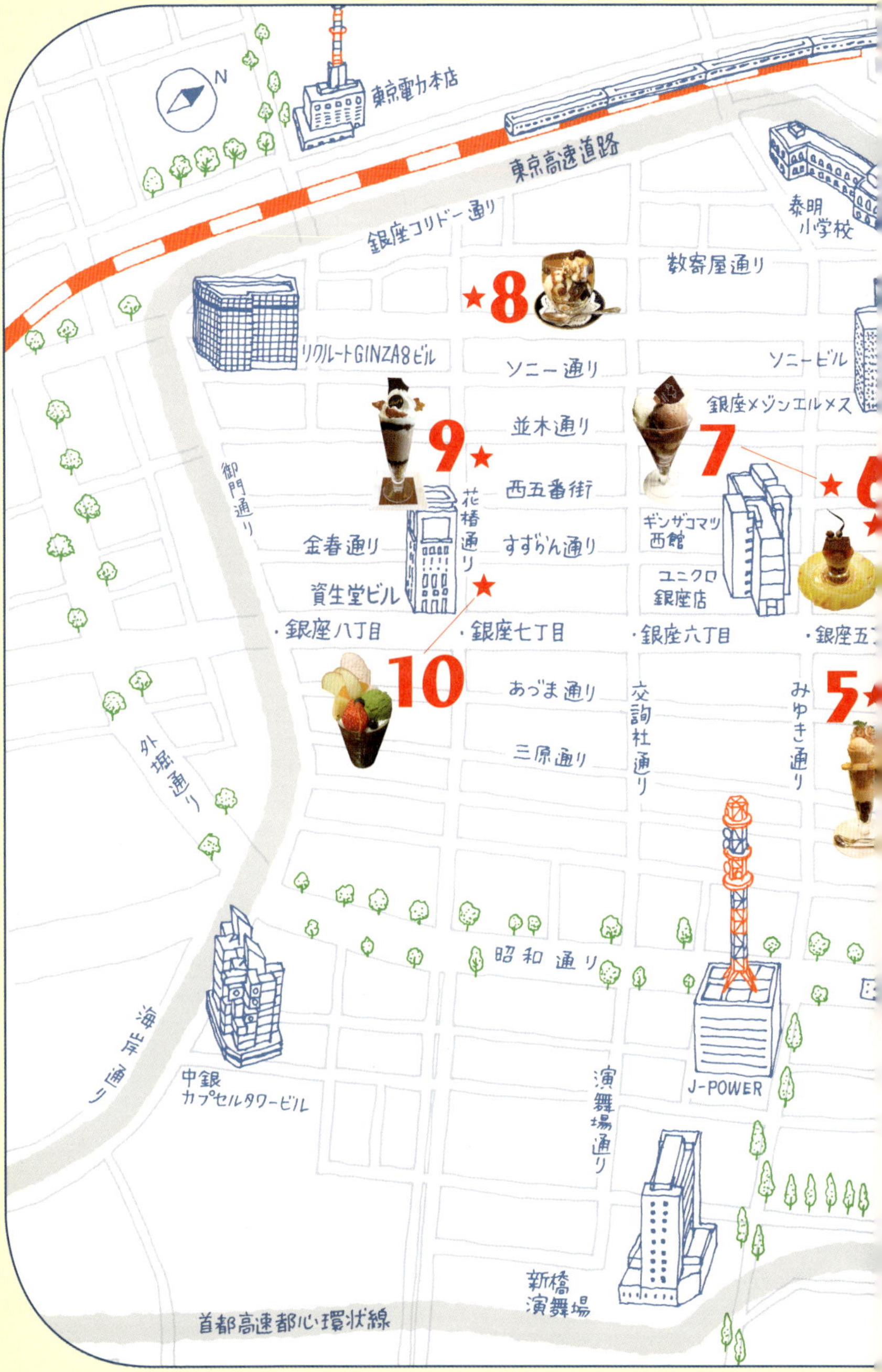

N
東京電力本店
東京高速道路
泰明小学校
銀座コリドー通り
数寄屋通り
8
リクルートGINZA8ビル
ソニー通り
ソニービル
銀座メゾンエルメス
並木通り
9
7
6
御門通り
西五番街
花椿通り
ギンザコマツ西館
金春通り
すずらん通り
資生堂ビル
ユニクロ銀座店
・銀座八丁目
・銀座七丁目
・銀座六丁目
・銀座五
10
あづま通り
交詢社通り
みゆき通り
5
外堀通り
三原通り
昭和通り
海岸通り
中銀カプセルタワービル
演舞場通り
J-POWER
新橋演舞場
首都高速都心環状線

コージーコーナーのカフェで「チョコバナナパフェ」を食べる。ビターなチョコと、クッキークリーム、バニラの3つのアイスが入って、グラスの側面にバナナが盛りだくさん。しっかり食べたと実感できるパフェ。840円。

1 銀座コージーコーナー 銀座1丁目本店

東京都中央区銀座1-8-1 池田園ビル
☎ 03-3567-5015
🕒 11:00 ～ 21:00（20:00LO）／無休

金沢の酒蔵が直営する日本酒・醗酵食品・化粧品のお店。併設の醗酵バーでは季節に合ったパフェを提供。酒かすアイスがおいしい、美と健康によいパフェだ。オリジナルのグラノーラとみりんのシロップを使用したグラノーラパフェ720円。

2 福光屋 松屋銀座店

東京都中央区銀座3-6-1 松屋銀座 7F
☎ 03-6228-6113／🕒10:00 ～ 20:00（19:30LO）／不定休

3

和光アネックス ティーサロン

大人のためのティーサロン。「チョコレートパフェ」は、シェフが手作業で作り出すチョコレートの花びらが圧巻。中層のナッツの香ばしさ、深層の凍らせたバナナピューレなど、魅せどころが満載だ。1,800 円。

東京都中央区銀座 4-4-8
和光アネックス 2F
☎ 03-5250-3100 ／ 🕒 10:30 ～ 19:00LO （日祝 18:30LO）／無休

4

銀座文明堂 東銀座店

歌舞伎座そば、カステラでおなじみの銀座文明堂。季節のパフェ、冬から春はイチゴ。たっぷりのイチゴ、じんわり甘いカステラと、バニラアイスの相性がよい。低く黒い器は落ち着いた雰囲気を醸す。いちごのパフェ 1,000 円。

東京都中央区銀座 4-13-11／☎ 03-3543-0002
🕒 10:00 ～ 19:00 (18:30LO) ／無休

5

ノアカフェ

ワッフル、スイーツとコーヒーのカフェ。パフェは、高さ 20㎝のグラスにバニラ、キャラメル、バナナのアイス、ガトーショコラが縦に並んでボリューム感満点。キャラメルとショコラのパフェ 860円。

東京都中央区銀座 5-8-5
B1F ／☎ 03-3574-8324
🕒 8:00 ～ 23:30 ／無休

皿盛りデザート専門店である銀座ぶどうの木。できたてのおいしさにこだわった「チョコレートパフェ」は2種のシャーベットで苦味と甘味を、ブラッドオレンジやベリーで酸味を。ショコラを引き立てる脇役の活躍がニクい。1,500円。

6

銀座ぶどうの木

東京都中央区銀座5-6-15 座STONEビル2F／☎03-5537-3140／🕒11:00～20:00(19:15LO)、日祝 11:00～19:00(18:15LO)／無休

本国ベルギーでも食べられない、日本のみで提供しているマルコリーニのパフェ。カカオ感の強いチョコレートが、アイス、ソース、クリームと姿を変えて大人の味わいを演出。マルコリーニチョコレートパフェ 1,600円。

7

ピエール マルコリーニ

東京都中央区銀座5-5-8／☎03-5537-0015／🕒11:00～20:00(19:30LO)、日祝 11:00～19:00(18:30LO)／無休

自家焙煎の老舗珈琲店。和蘭豆（らんず）はコーヒーの異名だ。ラムレーズンとバニラアイス、甘味の抑えた生クリームにコーヒーゼリー。ラム酒のしっかりきいた、その名の通り大人のパフェだ。大人のコーヒーパフェ 900円。

8

銀座 和蘭豆 壱番館

東京都中央区銀座7-3-13／☎03-3571-8266／🕒10:30～23:00(22:30LO)、日祝 11:30～20:00(19:30LO)／無休

9 リンツ ショコラ カフェ

スイスのチョコレートブランド、リンツ。カフェで食べられるリエジョワは3層構造。チョコレートアイスがクリスティヤンと絡み、カリカリからしっとりへと変化する食感を楽しみたい。ショコラグラッセリエジョワ 1,595円（税込）。

東京都中央区銀座 7-6-12
☎ 03-5537-3777／◷ 11:00～22:00（21:30LO）、土日祝 11:00～20:00（19:30LO）
無休

10 茶寮 吉兆庵

和菓子の老舗、宗家 源 吉兆庵が手掛ける甘味喫茶。季節のフルーツを使った「果実ぱふぇ」。器を透明にしないのは日本料理の「隠す美学」。それにしても、白玉やぜんざいあんとヨーグルトシャーベットがマッチするとは驚きだ。1,296円（税込）。

東京都中央区銀座 7-8-9 宗家 源 吉兆庵 銀座本店 2F／☎ 03-3569-2360／◷ 11:30～19:00（18：30LO）／不定休

ここ銀座の地ほど、多様なパフェに出会えるところはない。1平方キロメートルにも満たないこの街に、洋菓子店、和菓子店、ショコラティエ、格調高いティーサロンから、街の喫茶店までが軒を連ねる。明治時代以来の食文化の系譜は、この街をパフェのメルティングポットにしたのだ。

また一方で、もしパフェが、日常よりも高次の精神的高揚へ導く媚薬であるなら、東京におけるブランド的都市空間である銀座こそ、それを食べるにふさわしい舞台ではないだろうか。そんな銀座とパフェの蜜月関係に思いをはせつつ、次のパフェは、いずこ。

熱く語っている件

「弟が、パフェについて熱く語っている件」

斧屋×能町みね子対談

パフェ評論家・斧屋の姉は、漫画家でコラムニストの能町みね子。古建築好きの能町と、パフェ好きの斧屋が、昔ながらの果物屋さんでパフェ談義。……能町さん、弟のテンションについていけてませんけど……。

ある日 弟からメールが届いたのだ…

ところで、西小山のフルーツパーラーたなかって行ったことある？

ない！なにこれ！すごい行きたい

ここで老舗パーラー＆パフェ対談をやりたいと勝手に考えてますが。

前にちょっと言ってた「パフェ本」を出すという件か…？

メロン
ピーチナプ
フルーツ
レモン
メロン

え…私が対談相手になるの？
写真ばっかり送ってきすぎ…

パフェを出す店で
この感じとは!!
歴史を感じるサンプル。
メロンジュース
300
床置き看板。
Coca-Cola
タナカ
フルーツパーラ
新鮮果実
フルーツパーラ
たなか
TEL (714) 1048
好きでしょ
こういうの
これは
古建築好き
にはたまらん…

斧屋×能町

斧屋

こちらの心の構えから
よいパフェ体験は始まっている……。

能町

ミントに対する礼儀から始まって、
どんだけ語れるんだ……。

パフェ評論家の出自

（能町みね子）で、パフェは何で好きになったんですか？　別に昔、パフェをよく食べていたわけでもないのに、なんでこうなったんだろうね。子どもの頃、ロイヤルホスト以外に何か外食に行ったっけ？

（斧屋）いや、うちは極端に外食が少ない家だったから……。

ちゃんとしてましたよね。ろくに外食するところがない街だったというのもあるけど……。お墓参りのあとのそば屋か、何か月かに1回のロイヤルホストくらいで。

実は、パフェの原体験みたいのがないんだよね。甘いものは昔から好きだったんだけど。つまらないベッドタウンだから、喫茶店がなかった。そのうえファミレスにもほとんど行っていないので、一体いつ食べたのかという……。アイスとかチョコレートとかフルーツが好きみたいのはずっとあって、パフェも好きだったんだけど、大人になってもそんなにたくさん食べていたわけではなかった。ある時から、書店でスイーツの本を見つけて、アイスクリームの本とか、フルーツカットの本とか、パフェの本とか、見た目もきれいだからいろいろ買う中で、パフェって面白いなと。ちょっと値の張るパフェって、なかなかきっかけがないと食べないと思うんだけど、本に後押しされるようにいろいろな店に行って食べ進めていったら、深遠な世界が広がっていたというね。

そこから「パフェ評論家」みたいなところに行きついたきっかけは、何かあったの？

パフェを本格的に食べ始めて、ブログでも感想を書くようになった。で、ある時、某ラジオ番組（2012年10月9日放送の「久保ミツロウ・能町みね子のオールナイトニッポン0［ZERO］」）に弟として出演した時に、肩書は何だという話になって、アイドル評論家・パフェ評論家という肩書が与えられた。そんな風に名前が付けられると、何か自覚が促されるというか。ブログでパフェのことを書いて、Ustreamでも一時期パフェについての1人しゃべりを配信したりして。その番組名は「パフェ道」って名付けた。

きっかけは私のラジオだったんだね。Ustreamもやってたね。家族のひいき目があるかもしれないけど、悔しいけどあれは面白かった。映像もなくて、ただ音声だけでの配信なんだけど。最初冷静にしゃべってるのが、1人でだんだん熱くなってきて。またやればいいのに、Podcastとかで。

そんなこんなで、だんだん語る切り口ができてきて、っていう感じかなあ。

パフェの魅力について

で、あらためてパフェの何がいいの？

ひとことで言うと、多様性とか物語ってことになるんだけど。たとえばアイスって単体じゃないですか。カレーライスとかも、それはそれとして1つのものとして認識できる。でもパフェは一般的に、器が上下に長い構造を持っていて、かならず順番がある。構成要素が起承転結を持っていて、流れがある。音楽みたいなもので、ぼくは時間芸術って言っている。あとこれは自分が言ったことじゃないけど、コース料理と同様のものとしてパフェがあるということも言えるよね。自分のスタンスとしては、ソムリエみたいに細かく味わい分けができるとかいうんじゃなくて、どちらかというと構造を考えたい。具体物から抽象化した何かの方が興味がある。

パフェという現象に興味がある？

でも、おいしいものはおいしい、でいいんだけどね。

食べ物として見てるわけじゃない？

「食べ物」だと味が主体に思われてしまうからね。パフェは総合芸術。見た目、味や構成、果てはパフェを取り巻く環境、シチュエーション全体が大事ということで。

ふーん……。

ところで、半分冗談で「パフェ道三則（パフェ三原則）」とか言い出したんだけど……、それが取材していっても全くぶれない、くつがえされない、むしろそれでいいんだと確信に変わっているんだよね。

パフェに向いてたんだね、じゃあ。

この本を作るにあたって、取材って初めてだし、どうなるのかなと思っていたんだけど、パティシエの方とかとも、意外と話が合うっていうことが分かった。

じゃあ、いっそのことパフェ作ってみればいいんじゃないの？

それねえ、でも自分でやってみようってのは難しいよね。お金もかかるし。フルーツパーラーとか、もう職人ですよね。取材でも、本当に職人さんと話しているという感じ。かえってマニアック度に惹かれるというか。

まあ、主義主張に似通ったものがあったってことだね。

行きついちゃった人たち。常人の域を超えた感性と情熱を持っている人が好きなんだよね。

（86ページにつづく）

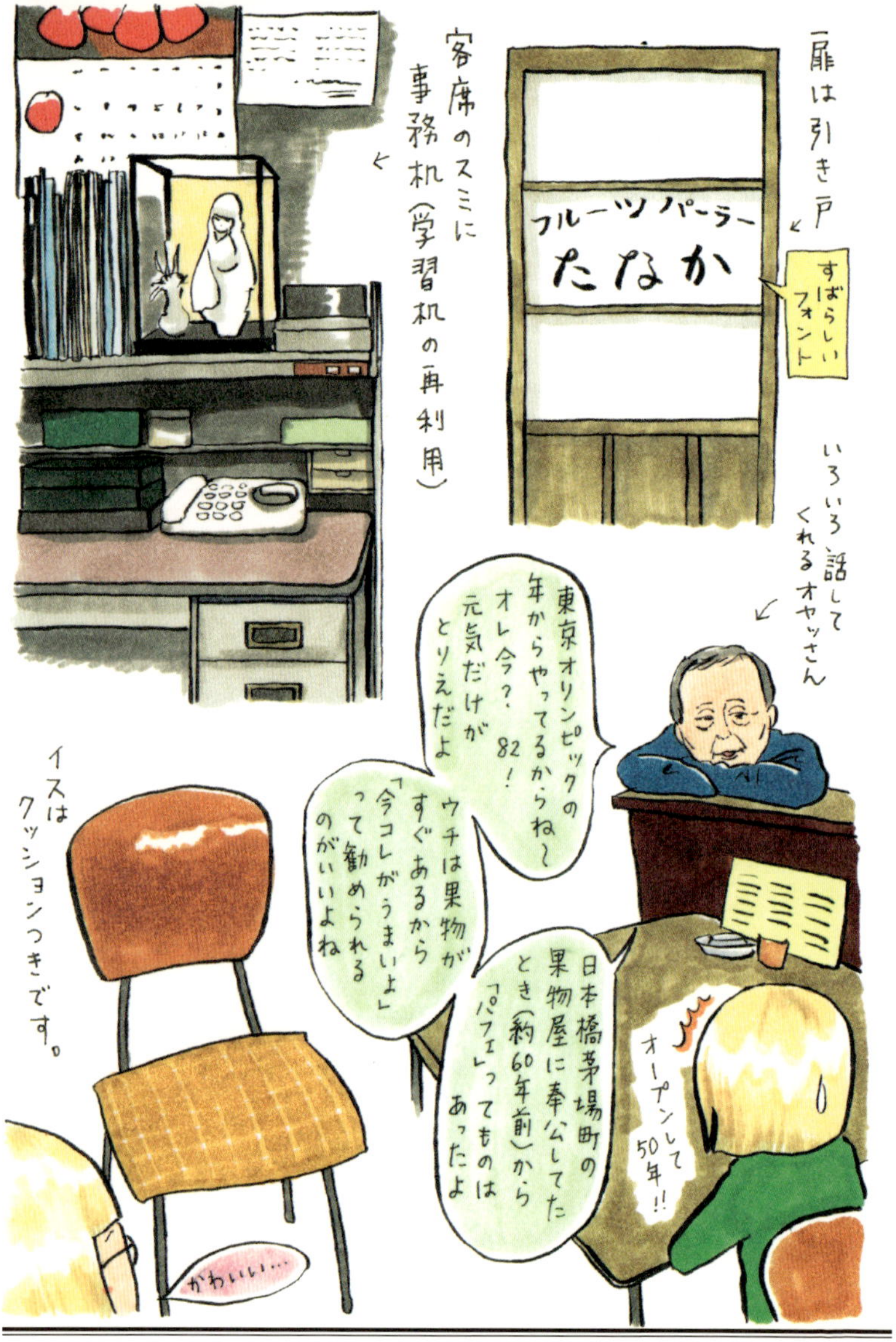
扉は引き戸
フルーツパーラー
たなか
すばらしいフォント
客席のスミに事務机（学習机の再利用）
いろいろ話してくれるオヤッさん
東京オリンピックの年からやってるからね〜
オレ今？ 82！
元気だけがとりえだよ
ウチは果物がすぐあるから「今コレがうまいよ」って勧められるのがいいよね
日本橋茅場町の果物屋に奉公してたとき（約60年前）から「パフェ」ってものはあったよ
オープンして50年!!
イスはクッションつきです。
かわいい…

引きで写真を撮る斧屋
アイドル評論家を名乗ったこともあるけど
アイドルとパフェにも関係があるんだよね
ライブというキーワードでつながってくるんだけども…
語る斧屋
フルーツパフェとアイドルは等価のもの…
フルーツというものは食べられるために最適化されていて本来は生殖のためのものなのに種すらなかったりする
つまり、生殖から切り離されてるのに性的魅力が出てる！そういう刹那性がアイドルと共通で…
アイス溶けるよ
私（能町）はメロンパフェをたのみました
上から
横から
アイスとフルーツと生クリーム。シンプルで美味。凍ったフルーツも入ってた

……………（ここで、たなかのパフェ登場）

ちょっとパフェを撮りますよ。

……パフェを写すアングルってどれが美しいの？

トップが飾られているし、横からの層も望むとなると、斜めからということなんだけど、結構難しい。いろんな角度から見て楽しめるものではあるよね。そういうところに「生感」がある。だから、当然パフェは空間芸術でもある。また、パフェはさっき言ったように時間芸術ではあるんだけれども、大体が溶けるもの、型崩れするもので作られているので、本当に刹那的な時間芸術なんだよね。

は〜（呆）。どんどん壮大になってくるな……。食べ方にこだわりはあるの？

パフェにミントが乗っている時には、自分ルールとしては、「失礼します」と言ってそれを取るところから始める。

はあ（笑）。何に対して「失礼」なんですか？

それは、このいわゆる超越的な存在であるパフェに対して、有限な存在である自分ごときが食べさせていただくことが「失礼」。

そうなんすか……（半笑）。ミントが乗ってる時だけ「失礼」なの？

それを取ることがひとつの幕開けの儀式というか。必ずミントの匂いをしっかり味わう。匂いで、スタート。あとは、自分ルール的に、いかに時間をかけるかというのがある。

ほんと食べるの遅いよね。ていうか、アイスが溶けるでしょ。

多くのお店は、溶けることを想定して、混ざってもおいしいように作っているから大丈夫。ある意味、パフェってのはライブなんだよね。

ライブ？

なんでかっていうと、「生感」があるわけ。ケーキみたいに持ち帰れない。溶けるものをその場で食べなきゃいけない。でも、逆に言うと、食べ物の最もいい瞬間というのはすぐ過ぎ去っちゃう。パフェはアイスもフルーツも最もいい瞬間で出す、そのライブ感がほかのスイーツよりも圧倒的にすごい。

アイスがだいぶ溶けてるけど……。

そうそう。

「そうそう」かい。

溶けるのはやむなしですわ……。それよりも時間をかけた方がいい、という主義。パフェを食べるのに、結果的に15分経っていたら、幸せなパフェ体験と言える。

長いな……。

いや、パフェの大きさにもよるけどね。

心身を総動員する

パフェのすぐれているところは、五感すべてを動員できるということだよね。

触覚は？

舌触りとか噛み応えとかあるよね。

聴覚は？

サクッとした食感は、音としても楽しめるよ。パフェは五感に訴える体感的な娯楽として圧倒的に優れているんじゃないかな。だから、自分の側としてもパフェを食べる体験をいかにいいものにするか、ということを考える。たとえばコンサートに行く時に服装から入ることって、別におかしくないよね。

まあ、いい思い出にするためにもね。

当然あるわけですよね。パフェがよければいいんじゃなくて、こちらの心の構えからよいパフェ体験は始まっている、それがパフェ道です。

ミントに対する礼儀から始まって、どんだけ語れるんだ……。

あとは食後にパフェを頼んでいる場合、料理を食べてからパフェが来るまでに、おしぼりや紙ナプキンとかでテーブルを拭いて、心を整えて待つという、それがパフェ道です。

そこまでする？ ドラマでもやったほうがいいんじゃないの。『孤独のグルメ』みたいに。

あえて儀礼的に振舞うことで、気分を高揚させるという、演出が大事ね。

なるほどね……。

スポーツ選手がメンタルを作っていくのと同じようなことをする。

パフェ以外ではしないの？

しない。そこで、あえてパフェを特権化することによって、パフェが引き立ってくるという感じかな。何かさっきから、聞いてるだけで全然突っ込まれてないね。全部、はあ、はあ、っていう（笑）。

納得できる部分もあるんだよね。呆れてるのもあるけど（笑）。

いつ食べるべきか？

じゃあ一般の入門の方に、パフェはどういう時に食べればいいのか、アドバイスをお願いします。

ハレの日に食べる。1、000円超えたら、おいそれと出せない場合もあるだろうから、「映画1本見ようかな」の代わりに、食べたらいいんじゃないかな。

パフェって何時に食べるのがいいの？

それはいい質問。確かにパフェって食事代わりにしちゃう場合もあるし、食後だとちょっと重いなってなるし、立ち位置が難しいスイーツではあるよね。軽めに食事したあとで、パフェをメインにという気持ちで食べてもらうとか。たとえば女性2人だったら、サンドイッチは分けっこして、パフェはそれぞれ1個ずつ頼むとかね。月に1回でも、自分にご褒美をあげたい時かなあ。

人が共感しやすい発言がやっと出ましたね。

非日常。ある意味、逃げたい時。ほかの世界に浸りたい時。

それは分かる。ファミレスで夜中に仕事してて嫌になった時に、夜中だけどいいやと思ってパフェ頼みますもん。

ある意味、お酒と同様の効果みたいなところもあるんじゃないかな。

ところで、冬はどうしたらいいんですか？

最近は温かいものを使ったパフェを出すところもあるよ。温かいチョコレートソースをかけて食べるお店もあるし。

でもそんなお店はあんまりないでしょ。

温かい料理のあとに冷たいパフェを食べてもいいんじゃない？ 暑い時に熱い料理だって食べるだろうし。冬はチョコレートパフェがマッチする季節。溶けづらい時季ゆえのパフェが楽しめるよね。四季折々それぞれに合ったパフェが楽しめるんじゃないのかな。

パフェブームは来るのかな。

パンケーキとか、かき氷に続いて、パフェブームが来たらいいねー。

（2014年11月17日 フルーツパーラたなかにて）

オレンジの紙袋で、パフェという名の幸福を運ぶ。

1.

堂島ロールのたっぷりのクリームとベリーがかわいい。そして堂島ロールはイチゴゼリー、チーズクリームとよく合う。オルゴールのゆったりとした音色のようなパフェだ。パルフェ・ストロベリーチーズ 372円。

2.

トップでキャラメルクリームとアーモンドがしっかり香る。中層から深層にかけて、堂島ロール、クレープ生地とバナナクリーム、チョコクリームがうまく絡む。パルフェ・クレープチョコバナナ 400円。

3.

季節ごとに旬の素材を使ったパフェメニューを出してくれるモンシェール。秋は栗を使ったパフェを提供。モンブランクリームと2種の栗をたっぷりと。パルフェ・マロン 400円。

複数の要素で構成されるパフェの、各要素がすべておいしかったら、そのパフェは幸福の使者である。モンシェールの季節限定パフェがまさにそうなのだ。特徴として、モンシェールの代名詞である堂島ロールを使う。これは上質なソファのように私を受け止め、優しく愉悦の深みへと誘う。そしてクリームが、ソースが、ほかすべての要素が、上っ面だけでなく、内実としておいしいのだ。そんなパフェを手土産に持ち帰るあなたもまた、幸福の使者である。

パティスリー
モンシェール

東急百貨店渋谷・本店／阪急百貨店大井食品館／東武百貨店池袋店など
http://www.mon-cher.com

TOKYO PARFAIT
SCIENCE

TOKYO PARFAIT GUIDE

東京パフェガイド

＊＊＊

パフェの世界は広い。お店の思想に基づいて、ほかとは違う独自のパフェが生まれてくる。自由度が高いがゆえの、バラエティに富んだパフェの数々。東京近郊31軒のパフェ、それぞれの世界観をここに。

DOLCI CAFE SILKREAM

シルクレーム

イチゴさんたちが、ソフトクリームの山頂を目指す。
落ちないように頑張って!

イチゴを落ちないように慎重に……。
それ、楽しい。

イチゴをはがせばたっぷりのソフトクリーム! 1,110円(税込)

バニラ風味薫る濃厚ソフトクリームとたっぷり苺のパルフェ

「大人の女性がゆったりとくつろげるカフェを作りたい」、そんな想いを形にしたお店。北欧の一軒家のような作りに、リビング、ダイニング、テラスという異なる3つの空間を用意。シチュエーションや気分によって使い分けるのも楽しそうだ。ソフトクリームメーカーの日世が手掛けるとあって、おいしい濃厚ソフトクリームを使ったオリジナルスイーツ「ドルチ」が味わえる。もちろんパフェもソフトクリームを使った大満足の一品。イチゴを楽しく食べ進め、ソフトクリームは途中から下のチョコパフと絡めて食べればまたおいしい。

シルクレーム
〈渋谷〉
東京都渋谷区神南1-19-3 ハイマンテン神南ビル1F/☎03-3464-4900/🕒11:00～21:00(20:00LO)/無休

SHOP CHART

インパクト	★★★★★
楽しさ	★★★☆☆
雰囲気	★★★★☆

斧屋哲学

「これは一度見たら忘れない」という
見ためのインパクトってとても大事。

BRASSERIE VIRON

ブラッスリー・ヴィロン

盛っているのにしつこくない！ふわっふわな生クリームの海に飛び込みたい。

控えめな甘さと苦味のバランスが絶妙！

ショコラ リエジョワ

生クリームの下はビターなチョコアイスやチョコクリームがたんまり。1,200円

ブラッスリー・ヴィロン〈渋谷〉

東京都渋谷区宇田川町33-8 塚田ビル1F・2F／☎03-5458-1776／🕒モーニング9:00～12:00(11:00LO)、ランチ12:00～15:00(14:00LO)、カフェ14:00～18:00(17:00LO)、ディナー19:00～24:00(22:30LO)／無休

1階はバゲットとスイーツのお店。バゲットの香ばしい香りが漂う。2階は朝から夜まで開いている、フランス特有の飲食業の形態「ブラッスリー」。赤と茶を基調とした内装に、大人の雰囲気を感じるが、敷居が高い感じは全くない。さて、これだけのホイップクリームが盛られていたらさすがに飽きる、なんてとんでもない。全く甘ったるさのない上質の生クリームがふわっふわと軽い。どんどんいける。ビターなチョコのソース、チョコフレーク、チョコアイス、チョコクリームが飽きずに海の底まで連れて行ってくれる。

SHOP CHART

味の振り幅	★★★☆☆
驚き	★★★★★
雰囲気	★★★★☆

斧屋哲学

リエジョワは、フランスで生クリームを盛ったデザートのこと。本書ではパフェ扱いします。

YOJIYA CAFE

よーじやカフェ

渋谷ヒカリエShinQs店

才色兼備のやまとなでしこ。
多彩な才能で魅了する。

グラスの高さは約20cm、
中身もぎっしり。

よーじやパフェは、よーじやカフェの中でも渋谷のお店限定。1,029円(税込)

よーじやパフェ

京都発祥、あぶらとり紙などの化粧雑貨で有名なよーじや。渋谷ヒカリエのコスメフロアにあるカフェでは、ビューティー&ヘルシーをテーマにしたメニューを提供している。パフェの顔は生クリームの上から抹茶パウダーを振りかけて作っている。パフェの中身は、宇治抹茶を使ったアイス、黒糖スポンジ、丹波黒豆、わらびもち、抹茶白玉、手作りの宇治抹茶ゼリーなど、和の素材がふんだんに。実際のパフェは写真よりも大きく感じるが、次々にいろいろな素材が登場するので飽きない。「意外と全部食べられちゃう」と言われるそうだ。

よーじやカフェ
渋谷ヒカリエShinQs店
〈渋谷〉

東京都渋谷区渋谷2-21-1 渋谷ヒカリエ ShinQs B1F／☎03-6434-1761／🕒10:00～21:00(20:30LO)／不定休(渋谷ヒカリエに準ずる)

SHOP CHART

インパクト	★★★★☆
多彩さ	★★★★★
楽しさ	★★★☆☆

斧屋哲学

パフェはついつい顔(表層)を見てしまいますが、
中身(中層～深層)がとても大事！

ANJIN

アンジン

このオブジェは連れて行こうとしている。
重力さえも働かない場所へ。

名ショコラティエ、
プラリュのチョコレートを使用！

スパイスを使ったメレンゲに黒胡椒のアイス、これは香る。1,400円（11:00～翌2:00の提供。税込）

プラリュ・チョコレートパフェ

代官山 蔦屋書店内にあるアンジンは、懐かしの雑誌や、海外の貴重な雑誌、セレクトされた書物とアートに囲まれたラウンジ。そんなアンジンのパフェはやはりアートな感覚が存分に発揮された作品だ。スパイシーなメレンゲの壁の下には黒胡椒のアイス、そしてクランブル。これに別添のチョコソースをかけるとおいしい。さて、中層では円いグラスに合わせた円形のチョコレートが蓋をして、深層との間に空間を作っている。あ、つまり私は、いままで宙に浮いた島にいたのだ、ということに気付く。下界に戻るべきか否か……束の間の逡巡に酔う。

アンジン〈代官山〉
東京都渋谷区猿楽町17-5 代官山 蔦屋書店2号館 2F
☎03-3770-1900／◷9:00～翌2:00／無休

SHOP CHART

香り	★★★☆☆
独創性	★★★★★
雰囲気	★★★★☆

斧屋哲学

器が上下に長い構造をもつパフェは、
中に空間を作るという層の作り方もあるのだ。

CACAO SAMPAKA

カカオサンパカ 南青山

食感のめまぐるしい変化。
チョコとサクサクの優美な多重奏に陶酔せよ。

グラシアは、スペイン語で「優美・魅力」。

ジャラッツ（生チョコのような食感のアイス）を使用した繊細なパフェ。1,680円（税込）

グラシア

スペイン王室御用達のチョコレートブランド、カカオ サンパカ。カフェスペースで食べられるパフェ「グラシア」は食感のパフェである。表層でチュイール、中層でパールクラッカー、深層でチョコレートをコーティングしたフィヤンティーヌと、サクサク感を表現する3つの素材を入れている。それがジャラッツやチョコレートムース、ラズベリーコンフィチュールと、なんとも絶妙のバランスを奏でているのだ。「ケーキを作る感覚で、引っかかりを作る。そして1個食べ終わった時に満足感を感じてもらいたい」とパティシエからの言葉。確かに納得の逸品だ。

現在は閉店しています。

カカオサンパカ 南青山
〈表参道〉
東京都港区南青山 5-5-24
☎ 03-5766-0018 ／ 🕒 月・水～日 9:00 ～ 22:30（フード 21:30LO、ドリンク・スイーツ 22:00LO）、火 9:00 ～ 21:30（21:00LO）／無休

SHOP CHART

美しさ	★★★☆☆
きめ細かさ	★★★★☆
食感	★★★★★

斧屋哲学

食感として大事なサクサク。

全体の流れを邪魔しないような大きさと量で。

NICOLAS CHARLES

ニコラシャール

ニコラに会いに行こう！
パフェに、会いに行こう！

このウサギ、ただ者ではない。

ピスタッシュ

ピスタチオアイスほか、10種類以上の素材を積み重ねた、実力派のパフェ。1,780円（税込）

現在は閉店しています。

店に入ると、至るところにウサギのぬいぐるみや置物。お客さんがつけるためのうさ耳も席数分用意して、当然シュークリームもリエジョア（パフェ）もウサギというこのお店。お客さんがうさ耳をつけて撮り合ったり、お店のウサギを撮ったり、またパティシエのニコラさんも気さくに撮影に応じてくれる、さながら体験型のアミューズメントパークだ。一方、パフェはウサギのほほんとした表情と裏腹に、細かく層を重ねた繊細な技が光る。層に従って途中まで食べたら、一気に底までぐいと掘って、混ぜて食べるとまた違った味わいがあっておいしい。

ニコラシャール
〈表参道〉
東京都渋谷区神宮前4-26-5 神宮前426ビル2F／☎03-6434-9579／🕒11:00～20:00（19:00LO）／無休

SHOP CHART

インパクト	★★★☆☆
きめ細かさ	★★★★☆
ライブ感	★★★★★

斧屋哲学

パフェはライブ。

その場の体験がどれだけ楽しかったかが大切。

BUNBOUGU CAFE

文房具カフェ

楽しい！ おいしい！
なんかいろいろついてくる！
文房具カフェの本気パフェ。

別添のお塩で
味の変化をつけながら。

三角定規と定規型クッキーが刺さる、たっぷりりんごとチーズの濃厚パフェ。1,008円（税込）

文房具パフェ

文房具と人が出会う場として生まれた文房具カフェは、文房具に触れ、また文房具関連の書籍を読みながらゆったりと過ごせる空間。文房具パフェは、定規型クッキーが刺さり、箸とスプーンがペンケースに入って出てくる楽しいパフェ。ペンケースにはお土産で持って帰れる文房具グッズもついてくる。パフェの中身は、アイス以外はすべて手作りという力の入りよう。リンゴのコンポートや抹茶香るこめはぜ、角切りリンゴ入りヨーグルトとチーズのムースで最後まで楽しませてくれる。年に数回リニューアルするので、今度会う時はまた違った姿で。

文房具カフェ〈表参道〉
東京都渋谷区神宮前4-8-1 内田ビルB1F／☎03-3470-6420／🕒10:00～23:30（フード22:30LO、ドリンク23:00LO）／無休

SHOP CHART

味の振り幅	★★★☆☆
きめ細かさ	★★★★☆
楽しさ	★★★★★

斧屋哲学

本気で遊ぶと、本当に楽しい。

本気で遊ぶと、いいものが生まれる。

CHINA TEA SALON CHA YÚ

チャイナティーサロン 茶語

中国茶とともに楽しむさっぱりパフェ。
これは、確かにアジアン。

キクラゲのコリコリとした食感が楽しい。

アジアンパフェ

ココナッツミルクプリンにタピオカ、愛玉子、白キクラゲをレモン風味に仕上げた。中国茶付き 1,188円（税込）

「東洋と西洋の融合」をコンセプトとし、中国を中心に世界各地のお茶を取りそろえる茶語。ティーサロンでは健康と美容を意識した茶葉料理やスイーツが楽しめる。アジアンパフェは、自身もパフェ好きという店長の河合純吾さんが考案したもの。食感のよいキクラゲを使うところからメニューを開発したというアジアンパフェは、表層にキクラゲと手作りのバニラアイス、中層にタピオカとアンズと愛玉子、深層にココナッツミルクプリンというさっぱりしたパフェだ。中国茶と一緒にゆっくりと味わいたい。ほかに「マンゴージュレと杏仁のパフェ」も提供。

チャイナティーサロン 茶語〈新宿〉

東京都渋谷区千駄ヶ谷5-24-2 新宿髙島屋6F／☎03-5361-1380／🕒10:00～20:00／不定休

SHOP CHART

健康	★★★★☆
食感	★★★☆☆
独創性	★★★★★

斧屋哲学

キクラゲが出発点、というように、
軸が一本はっきりしているパフェは分かりやすい。

CAFÉ EST! EST!

カフェ エスト！エスト！

なんでシンデレラっていうかは知らないけれど、
面白ければいいじゃない。

どこからどうやって食べましょうか。

ミルクレープケーキとティラミス、シンデレラの気まぐれソフトクリーム。1,100円（税込）

シンデレラ

現在は閉店しています。

新宿駅南口の新宿ミロードにあるこのお店は、ロコモコとパフェメニューが充実している。中でもパフェはネーミングもユニークな特大パフェメニューがたくさん。「将軍様のパフェ」「富士山」「東京タワー」「番長」「社長」「横綱」……。傘が刺さり、ポッキーが刺さり、ソフトクリームが逆立ちする。その中で、パフェ「シンデレラ」はまだまだ序の口だ。それでも盛り盛りで、さあ、どこから手を付けたものか。「シンデレラの気まぐれソフトクリーム」って何だろう……、そんなどうでもいいことを考えながら食べるパフェは、おいしい。

カフェ エスト！エスト！
〈新宿〉
東京都新宿区西新宿 1-1-3 新宿ミロード7F／☎03-3349-5811／◷11:00 ～ 23:00（22:30LO）／不定休

SHOP CHART

インパクト	★★★★★
楽しさ	★★★★☆
満腹度	★★★☆☆

斧屋哲学

こんなに異形なのに、これはこれでパフェらしいのだ。

異形こそ王道。これパフェの不思議なり。

YUSOSHI

和カフェユソーシ

抹茶とココナッツ、鼻腔をざわつかせる至福の共演。

ココナッツアイスが3つも入ってる！

生クリーム、ココナッツアイスに抹茶のシロップ、小豆、よもぎ団子。800円

抹茶とココナッツのパフェ

現在は閉店しています。

和カフェ ユソーシ
〈新宿〉
東京都新宿区西新宿1-1-5 ルミネ新宿1 6F／☎03-5321-7233／🕒11:00～23:00(22:30LO)／不定休

ユソーシは「愉・想・使」。楽しいことを想像し、それを表現して発信していきたいという思いがこめられたお店だ。店内は壁を極力排した開放的な空間に、カウンター席・お座敷席・テーブル席・ローテーブル席という4種類の席が異なる雰囲気を演出してくれる。「抹茶とココナッツのパフェ」は、その組み合わせの妙が嗅覚をくすぐる不思議なパフェ。また、3つのココナッツアイスによもぎ団子、円形の器と、円のモチーフが多用されているのが目に快い。ほかにパフェメニューとして、「黒蜜ときなこのパフェ」「キャラメルナッツパフェ」がある。

SHOP CHART

香り	★★★★★
独創性	★★★☆☆
雰囲気	★★★★☆

斧屋哲学

意外な組み合わせ。

それはそのままパフェのテーマになる。

HENRI LE ROUX

アンリ・ルルー

キャラメル・ショコラ・ナッツの芳醇トライアングル！

お好みで別添のアーモンドをかけて召し上がれ。

キャラメルアイスとショコラクリーム、ナッツ類の風味豊かなパフェ。1,728円（税込）

パフェ グラス C.B.S.

現在は閉店しています。

アンリ・ルルー
〈六本木〉
東京都港区赤坂9-7-1 東京ミッドタウン ガレリアB1F
☎03-3479-9291／🕒11:00～21:00（フード20:00LO、ドリンク20:30LO）
無休

フランス・ブルターニュ出身の菓子職人アンリ・ルルーは、ショコラティエであり、かつ世界唯一のキャラメリエ（キャラメル職人）だ。彼の代表作である「ルルーの塩バターキャラメル（C.B.S.）」を使ったパフェは、香りと食感に優れたパフェ。芳醇なアイス（グラスC.B.S.）はナッツの風味も芳しく、酸味のあるショコラクリームと三位一体の調和を成す。そして中層のクランブルがいい。大きめのクランブルは時間が経ってもサクサクした食感を失わない。深層にはC.B.S.をペースト状にしたものが敷かれ、最後まで口中が風味の高密度。

SHOP CHART

香り	★★★★☆
構成	★★★☆☆
食感	★★★★★

斧屋哲学

時間に屈服することなく、
パフェが時間を支配すればいい。

GELATERIA MARGHERA

ジェラテリア マルゲラ

ジェラート屋さんならでは。
パフェ感覚のプチデザート、
ドポチェーナが楽しい！

「入れては凍らす、を
層の数だけ
繰り返して作ります。」

（右）スリーヨーグルト
（左）ノッチョーラ

（右）ベリーとヨーグルトが5層を成す。700円（税込）／（左）ヘーゼルナッツがたくさん。650円（税込）

イタリア・ミラノで人気のジェラート専門店の海外初店舗として麻布十番に登場。ジェラートはもちろん、「ドポチェーナ」という数種のフレーバーが楽しめるパフェも全17種を用意。でも頼もうとしたら、あれ、商品名が出ていない。これは、あえて中身を知らせず、お客さんに聞いてもらうためなのだとか。店員さんが説明する中で、好きなものを選んでもらう。選ぶ楽しみを増幅させる仕掛けなのだ。ドポチェーナは、一層ごとに急速凍結させて作るため、混ざらず美しい層ができあがる。それを自分の好みで食べ進める、能動的なパフェ体験が楽しい。

ジェラテリア マルゲラ〈麻布十番〉

東京都港区麻布十番2-5-1 1F／☎03-5772-3283
🕒11:30～22:30／無休

SHOP CHART

きめ細かさ	★★★★★
構成	★★★☆☆
楽しさ	★★★★☆

斧屋哲学

対話の中で、初めて自分の好きなものに
気付くこともある。パフェもまたしかり。

CHOCORATIER PALET D'OR

ショコラティエ パレド オール

甘味と苦味と酸味の遠心力。チョコレートの渦に溺れたい。

重く見えて、軽い。どんどんいける。止まらない。

10種類以上のチョコのパーツを使った盛りだくさんのパフェ。1,600円

パフェ パレド オール

ショコラティエ三枝俊介さんが、日本人の口に合う繊細な味わいを追求するパレド オール。三枝さん力作のパフェは、チョコの魅力をこれでもかと詰め込んだ傑作だ。表層はホワイトチョコのアイスの甘味、フランボワーズピューレと赤ワインのソルベの酸味、チョコレートソルベの苦味。めまいを覚えながらの中層は、ホワイトチョコを使った生クリーム、チョコレート風味のバニラアイス、チョコレートアイス、ロイヤルティーヌのチョコがけ、グラノーラのチョコがけ……、いやいや、どこまでチョコで攻めてくる？ あっ、気づいたら、食べ終わっていた。

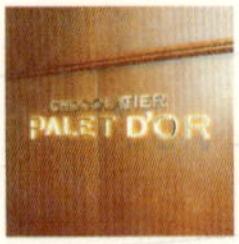

ショコラティエ パレド オール〈東京〉
東京都千代田区丸の内1-5-1 新丸の内ビルディング1F／☎03-5293-8877／🕒11:00～21:00 (20:30LO)、日祝11:00～20:00 (19:30LO) 無休

SHOP CHART

味の振り幅	★★★★☆
スピード感	★★★★★
多彩さ	★★★☆☆

斧屋哲学

時間の感覚を失うことは、パフェ体験における至高である。

GELA C BY CAMPBELLEARLY

ジェラシー バイ キャンベルアーリー

「ジェラートが織り成す「濃&爽」嫉妬するほど「悩&想」」

ベリーベリーベリーグッド。

(右) ベリーのジェラートにミルクジェラート、ベリーの果実たち。700円／(左) 季節限定、ラ・フランスと3種のジェラート。800円

(右) ベリーベリーパルフェ
(左) ラ・フランスとピスタチオのパルフェ

現在は閉店しています。

福岡の老舗果物専門店、南国フルーツがプロデュースする手作りジェラートとパルフェのお店。生クリームを使う「パフェ」のイメージから離れるため、「パルフェ」を名乗る。ジェラートは12種類、パルフェは季節限定を含め、常時6～7種を提供している。1か月ごとにフェアを行っているので、いつ訪れても新しい発見がある。フレッシュフルーツと、複数のジェラートが色とりどりに混ざり合うパルフェ、その濃さと爽やかさのギャップに翻弄されたい。それにしても、旬のフルーツの生命力の充溢と儚さに、私たちは時に嫉妬せずにはいられない。

ジェラシー バイ キャンベルアーリー
〈三越前〉
東京都中央区日本橋室町2-3 コレド室町2 B1F／☎03-6262-3124／🕘9:00～22:00／不定休

SHOP CHART

味の振り幅	★★★★★
美しさ	★★★☆☆
スピード感	★★★★☆

斧屋哲学

果実への恋慕が、憎しみや切なさを帯びるようになったら、パフェ体験はさらに甘美に。

FRUITSPARLOUR & BAR AUTUMNLEAF

フルーツパーラー&バー オータムリーフ

イケメン？ いえ、実力派です。

見た目もいいし、中身もしっかり。そんな存在になりたくて。

中央にバニラアイス、グラスに沿ってフルーツを配した表層が美しい。1,420円（税込）

オータムリーフパフェ

現在は閉店しています。

フルーツパーラー&バー オータムリーフ〈秋葉原〉

東京都千代田区外神田4-6-7 カンダエイトビル1F／☎03-3525-8640／🕒11:00～21:00（フード20:00LO、ドリンク20:30LO、イベントによって変動あり）／不定休

「ゴールデンボンバー」歌広場淳プロデュース、秋葉原のイケメンフルーツパーラー。あくまで食事のクオリティーをメインとするこのお店の名前を冠したオータムリーフパフェは、器の空間をうまく利用した表層の美しさに息をのむ。しかしこれだけではない。いいアクセントにもなるクレープ生地によって層を区切り、中層に生クリームとフルーツを配し、さらにクレープ生地をはさんだ深層にマスカルポーネのムースを敷く。フルーツパフェとクレープとチーズケーキを流れるように食べた気分。３つの全然別の世界が、１つのものとしておいしい。

SHOP CHART

美しさ	★★★★★
構成	★★★★☆
雰囲気	★★★☆☆

斧屋哲学

ここまではっきりしていなくとも、
パフェは３層でとらえると流れが見えやすい。

UENO FUGETSUDO PARLOR

上野凮月堂パーラー

上野のパンダと、上野凮月堂のゴーフル。分かりやすく、正しいパフェ。

パンダの顔はバニラムースとチョコで。

フルーツ、バニラアイス、ゴーフルチョコレートクランチにナタデココ。900円

パンダパフェ

1747年創業の上野凮月堂はゴーフルや東京カステラを代表とするお菓子の老舗。上野本店の2階にあるパーラーではパフェも提供している。上野の顔であるパンダ、ついそのビジュアルが先行してしまいがちだが、中層のゴーフルチョコレートクランチに注目。上野凮月堂の代名詞であるゴーフルを砕き、ホワイトチョコでコーティングしたものが入っているのだ。これが大きさ、量ともによい。深層のフルーツにナタデココの食感もマッチ。最後まで楽しませてくれる。ほかに通年でチョコレートパフェ、抹茶パフェ、そして季節限定のパフェを提供。

上野凮月堂パーラー〈上野〉

東京都台東区上野1-20-10 凮月堂ビル2F／☎03-3831-3107／🕒10:30～20:00(19:30LO)、日10:30～19:00(18:30LO)／無休

SHOP CHART

インパクト	★★★★★
きめ細かさ	★★★☆☆
コンセプト	★★★★☆

斧屋哲学

サクサクした素材はいろいろある。

どれを選択するかに、お店の思想が表れる。

YOTSUBA WHITE COSY

ミルク＆パフェ よつ葉ホワイトコージ

雪、雪、雪。
雪にも、豊かな表情がある。

ソラマチでしか食べられない。
1日100食限定！

ソフトクリーム、生クリーム、ミルクプリンのシンプルな構成。600円（税込）

よつ葉の白いパフェ

11種の通年メニューと季節限定のパフェを提供するよつ葉ホワイトコージ。東京ソラマチ店限定のよつ葉の白いパフェは、その名の通り一面の銀世界が広がる。しかし実際にその雪を踏みしめてみると、雪にもいろんな顔があると知るのだ。ソフトクリームに生クリーム、そしてよつ葉牛乳を使用した口溶けのよいミルクプリン。ただただシンプルに牛乳で攻める。一番の売りであるソフトクリームは、十勝産の原材料を使い、乳脂肪分以外の油分は一切使用しないこだわりの一品。「北海道のおいしさをまっすぐお届けする」という自信にあふれたパフェだ。

ミルク＆パフェ
よつ葉ホワイトコージ
〈とうきょうスカイツリー〉
東京都墨田区押上1-1-2 東京スカイツリータウン 東京ソラマチウエストヤード3F
☎ 03-5809-7055／🕒10:00～21:00（20:50LO）
不定休

SHOP CHART

構成	★★★★★
コンセプト	★★★☆☆
誠実さ	★★★★☆

斧屋哲学

シンプルは自信の証。

自信のない者ほど余計なことをよくしゃべる。

WAGURI-YA

和栗や

内奥から、栗の本質が薫る。栗のポテンシャル、ここに極まれり。

器も栗の産地と同じ茨城の笠間焼を使用。

栗薫ソフト、甘露煮、渋皮栗のモンブランペースト、とにかく栗づくし。800円（税込）

栗薫パフェ

谷中銀座商店街にある和栗の専門店。茨城県笠間・岩間地方で収穫される栗にこだわり、合成添加物や保存料を使用しない素材本来の味を提供する。栗薫パフェは、搾りたての生乳に和栗ペーストを30%も配合した無添加の「栗薫ソフト」がベース。「ソフトクリームの原価率は日本一高いんじゃないでしょうか」と店長の竿代信也さん。表層には渋皮栗のモンブラン、深層はむいた栗のペーストで、異なる風味・食感を楽しめる。店内だからこそ、最もおいしい瞬間の栗に出会えるのだ。季節限定で、イチゴやメロンを使った栗のパフェも提供している。

和栗や〈千駄木〉
東京都台東区谷中3-9-14
☎03-5834-2243／🕒11:00～19:00（18:30LO）
月休（祝、繁忙期は営業）

SHOP CHART

きめ細かさ	★★★★★
コンセプト	★★★☆☆
ライブ感	★★★★☆

斧屋哲学

保存がきかないパフェは、逆に言えば、素材を最もおいしい瞬間で食べられる贅沢だ。

GELATERIA THÉOBROMA

ジェラテリア テオブロマ

ジェラートとチョコレートの濃密な世界。深い深い森の中に迷い込んでしまった。

メレンゲとジェラートが茂る、踊る。

ピスタチオとチョコのジェラート、深層にはミルクジェラート。1,404円（税込）

チョコレートパフェ

チョコレートの専門店テオブロマ。神楽坂店はジェラートを専門に作るジェラテリアで、季節ごとのオリジナルパフェも楽しめる。定番メニューのチョコレートパフェは、メレンゲとジェラート、チョコレートがひしめく表層のにぎやかさが楽しい。ところが一歩グラスの中へ踏み入れると世界は一変する。チョコスポンジとチェリーのコンポートがガツンと攻めてきて、暗い森に引きずり込まれるような、そんな力強さに一瞬ひるむ。深層のミルクジェラートの爽やかさ、グリオットジュレの深みのある酸味。味のめくるめく変化に心地よく迷いたい。

ジェラテリア
テオブロマ〈神楽坂〉
東京都新宿区神楽坂6-8 Borgo Oojime ／☎03-5206-5195／◷10:30～19:30（19:00LO）／無休

SHOP CHART

味の振り幅	★★★★☆
コンセプト	★★★☆☆
パンチ力	★★★★★

斧屋哲学

パフェ体験は時に、パフェの方からこちらに攻めてくるような、そんな受動的体験となる。

MILKYWAY

ミルキーウェイ

13星座のパフェ！
パフェに傾けたこの熱量に溶かされたい。

一番人気の乙女座。
器の形が不思議。

乙女座

ストロベリーアイスにさくさくのワッフル、フローズンのMIXベリー。
885円（税込）

池袋駅東口にある、星をテーマにしたカフェ。「パフェテラス」を名乗り、13星座をテーマにしたパフェメニューを展開している。さらに、その13種は半年ごとに数種をリニューアル。各パフェの器も内容も一定のパターンでなく、さらに季節限定のパフェも出すという、パフェに取りつかれたようなお店だ。待つ時間も楽しんでもらいたいと、パフェを頼むとB4大のオリジナルの13星座占いの紙（全5種類）ももらえる。女性限定でスタンプカードも配布している。独特の世界観に魅せられたリピーターが続出する、楽しい仕掛けいっぱいのお店だ。

ミルキーウェイ
〈池袋〉
東京都豊島区東池袋1-12-8 富士喜ビル2F／☎03-3985-7194／🕒11:00～22:00(21:30LO)／無休

SHOP CHART

世界観	★★★★★
楽しさ	★★★★☆
独創性	★★★☆☆

斧屋哲学

パフェ体験と、お店の雰囲気を楽しむ体験は
不可分である。時にカフェ＝パフェとなるのだ。

CAFE NORA

カフェのら

果物屋の遺伝子を継ぐ、気取らないパフェをのんびり食べよう。

甘すぎない、さっぱりいただけるパフェ。

表層は季節のフルーツとバニラアイス、中層に自家製キウイシャーベット。800円（税込）

のらパフェ

元は果物屋さん。「のら」という店名は、野良猫がのんびりできるようなお店にという思いが込められているという。そんな名前の通り、子どもや若者からお年寄りまでゆっくりとくつろげるカフェだ。果物屋での経験から、「全部買うわけにはいかないけど、フルーツをちょっとずつ食べたい」という要望に応えるためにパフェを作ったという店長の石垣昌宏さん。表層には季節のフルーツがずらりと並ぶ。特徴的な中層の自家製キウイシャーベットは、さっぱりした、のどが渇かないパフェにしたかったため。軽くすっきりと食べられるパフェだ。

カフェ のら
〈椎名町〉
東京都豊島区長崎1-3-12
☎ 03-3957-0077 ／ 🕒 9:00～20:00、土日祝10:00～20:00 ／月休

SHOP CHART

コンセプト	★★★★☆
すっきり	★★★☆☆
のんびり度	★★★★★

斧屋哲学

時間は重要である。パフェをゆっくりと楽しむ時間そのものがおいしいのだ。

CAFE TINT

カフェティント

森に住む熊の店長がお出迎え。
ましゅまろ、まかろんのかわいいパフェ。

グラスにかわいいハートのチャームがついてくる。

甘味の強い特製マカロン、イチゴ、生クリーム。750円(税込)

まかろんパフェ
(ストロベリー)

森をイメージしたインテリア、そして小鳥や猫、ウサギや熊さんなど、たくさんの動物が店内をにぎやかす独特の世界。特製のましゅまろパフェやまかろんパフェなど、パフェメニューも多い。パフェはとにかくかわいく。イチゴを使ったまかろんパフェは、ピンクを基調とした色合いも形もとてもメルヘンチックだ。席ごとにノートが置いてあり、お客さんが好きなことを書き込めるようになっているのも楽しい。こんなかわいいお店の店長さんはどんな方かと思っていたら、お店の入口にいらっしゃった熊さんでしたか。ご挨拶が遅れてすみませんでした。

カフェ ティント
〈下北沢〉
東京都世田谷区北沢2-27-10 D号室／☎03-6416-8413／🕒11:30～19:30(19:00LO)／火休

SHOP CHART

かわいさ	★★★★☆
世界観	★★★★★
楽しさ	★★★☆☆

斧屋哲学

カフェは舞台。ならばその世界観に
乗っかる役者となり、存分に楽しむとよい。

FRUITS PARLOUR ICHIMAN

フルーツパーラーICHIMAN

（旧フルーツパーラーいちまん）

フルーツとソフトクリーム。果物のよさがまっすぐ伝わるパフェ。

ソフトクリームが中層までたっぷり。

イチゴとソフトクリーム、フロマージュブランにイチゴソース。850円（税込）

いちごパフェ

現在は移転しています。

〈移転先〉東京都世田谷区宮坂 3-18-2 エルマナビル 1F／☎03-6413-1587

フルーツパーラー ICHIMAN〈経堂〉

東京都世田谷区宮坂 3-10-5 1F／☎03-6413-1587
⏰10:30～19:30、土日祝 10:00～19:30／月休（祝の場合翌日休）

埼玉で農園を経営する農業法人サンリツファームが開いた果物のお店。店名「いちまん」はイチゴとマンゴーから。新鮮、安心、おいしさにこだわった季節のフルーツを生産者から直接届けたいという思いで、旬の果物やスイーツを提供している。パフェも季節ごとに、イチゴ、マンゴー、桃、マスカット、栗と洋梨など。フルーツの素材を楽しんでもらうために、いちごパフェではイチゴとソフトクリーム、フロマージュブランのシンプルな取り合わせ。乳製品とイチゴの王道の組み合わせに唸る。一本まっすぐに、生産者の想いが伝わるようなパフェだ。

SHOP CHART

構成	★★★☆☆
誠実さ	★★★★★
ライブ感	★★★★☆

斧屋哲学

確固とした理念のもとに作られたパフェは、
食べる時にそれが伝わってくる。

SUN FLEUR

サンフルール

目で見て楽しんで、香りを楽しんで、最後に味を楽しむ。フルーツのすべてがここに。

お花のカービング（彫刻）はパパイヤ。

フルーツ、バニラアイス、チョコアイス、季節のソルベにフルーツポンチ。1,000円（税込）

旬のフルーツパフェ

フルーツカットとカービングの第一人者でフルーツアーティスト®の平野泰三さんがオーナーシェフを務めるフルーツパーラー。切りたてが一番おいしいフルーツの鮮度にこだわった、ツーオーダー（注文を受けてから作る）のパフェは美しくおいしい。季節のフルーツがたっぷり入って、氷菓もバニラアイス、チョコアイス、季節のソルベが贅沢に入る。そして深層はフルーツポンチだ。フルーツで作ったシロップが作り出す色のグラデーションを楽しみながら、最後にその極上のシロップを飲み干す。驚きと感動を味わえるフルーツづくしのパフェだ。

サンフルール
〈都立家政〉
東京都中野区鷺宮3-1-16 第5ヒラノビル1F／☎03-3337-0351／⌚9:00～18:30／火休

SHOP CHART

美しさ	★★★★★
驚き	★★★★☆
構成	★★★☆☆

斧屋哲学

最後が一番おいしい、というパフェはすごい。

つい最初にばかり力が入ってしまうものだ。

FOUR SEASONS CAFE

フォーシーズンズカフェ

今月は何かな？ 毎月行きたい、フルーツパフェの楽園。

果物の収まりがすごく美しい。

（右）フルーツ、3種類の季節のシャーベットが層を成す。980円／（左）岡山県産の紫苑ぶどう、中層はマスカットのグラニテ。1,600円

（右）フルーツパフェ
（左）紫苑ぶどうのパフェ

店名の由来は、フルーツの四季が味わえるカフェ。地域の人に愛される、アットホームな雰囲気のお店だ。「パフェ＆ワッフルの専門店」を名乗るだけあって、パフェメニューの充実ぶりが半端ではない。8種のレギュラーメニューに加え、月ごとに2〜3種の季節メニューを提供する。定番のフルーツパフェは、ブドウとイチゴのシャーベット、生クリーム、フルーツとゼリー、ヨーグルトシャーベット、マンゴーソースがきれいに層を成す、美しくおいしいパフェ。いろんなパフェを食べたくなったら、パフェも食べ放題のオーダーバイキングはいかが。

フォーシーズンズカフェ〈西葛西〉
東京都江戸川区西葛西6-5-12／☎03-3689-1173／🕒11:00〜21:00（20:30LO）
水休（祝の場合翌日休）

SHOP CHART

美しさ	★★★★☆
きめ細かさ	★★★★★
楽しさ	★★★☆☆

斧屋哲学

フルーツパフェを食べ続けていると、
季節の変化に敏感になってくる。

ウッドベリーズマルシェ
WOODBERRY'S MARCHE

ヨーグルトとフルーツのおいしさを追求したら、健康もついてきた。

「最後まですっきりさわやかな味わい。」

季節のフルーツと、選べるフローズンヨーグルト。S 460円、M 760円、L 1,330円

ウッドベリーズパフェ（ミックスベリー）

ウッドベリーズマルシェ（吉祥寺）
東京都武蔵野市吉祥寺本町1-20-14 クスミビル1F／☎0422-27-1981／⏰ 11:00～21:00／無休

フローズンヨーグルトとパフェのお店。パフェは、サイズとフローズンヨーグルトの種類を選ぶことができる。季節のフルーツなどを使った10数種のフローズンヨーグルトはどれもおいしそう。一番人気のミックスベリーは、ブルーベリー、ラズベリー、ボイセンベリーを使用。八ヶ岳産の牛乳のみを使用した酸味とコクのあるヨーグルト、そして全国の契約農家から直送される果物。パフェに入っているのはほとんどそれだけ。生のおいしい果物を食べてもらいたいという思いは、結果的に健康にもつながった。このパフェは、栄養バランスのよい食事なのだ。

SHOP CHART

健　康　★★★★★
自由度　★★★★☆
すっきり　★★★☆☆

斧屋哲学

パフェにはジャンクなイメージもあるが、健康のために食べるパフェがあってもいい。

TOKYO PARFAIT GUIDE
115
東京パフェガイド

SWEETS & CAFEBAR LAFRUTTA

スイーツ&カフェバー ラフルッタ

夜は別の顔を持つって、なんかミステリアス。

影まで美しい、夜のパフェ。

イチゴ、ジェラートにイチゴのソルベ、中層にシャンパンゼリー。800円

苺のクープ

現在は移転しています。

〈移転先〉東京都武蔵野市吉祥寺本町1-8-21／☎0422-27-5191

昼はカフェとして、ジェラートやパフェ、軽食を提供するラフルッタ。数種類の季節のパフェを提供している。しかし注目したいのは夜18時からのバータイム。お酒に合う、季節のフルーツのクープ（パフェ）メニューがあるのだ。苺のクープは表層にイチゴと氷菓、中層に生クリームとイチゴ、そして驚きのシャンパンゼリー、深層にすっきりとしたフロマージュブランと甘さを抑えた自家製イチゴソース。柔らかい素材のみの構成で、量も多すぎず食べやすい、ちょうどよいサイズ感。お酒とともに夜パフェというのもおしゃれな提案だ。

ラフルッタ〈吉祥寺〉
東京都武蔵野市吉祥寺本町2-18-8 KOMORIビル1F
☎0422-27-5191／🕒10:00～23:30／不定休

SHOP CHART

雰囲気	★★★★★
驚き	★★★★☆
独創性	★★★☆☆

斧屋哲学

時間帯に合ったパフェがある。

昼には昼の、夜には夜の。

TEA SALON GCLEF

ティーサロンジークレフ

紅茶専門店ならでは。五感を満たす、紅茶づくしのパフェ。

焼きたてのワッフルが香ばしい！

アールグレイのワッフル、ゼリー、ルフナのプリンなど、紅茶感満載。980円（税込）。紅茶とセットで110円引き。

紅茶のパフェ

紅茶専門店ジークレフが、スコティッシュパブだったお店をそのまま喫茶店に。英国調の内装を基調とした、落ち着いて紅茶を楽しめるお店だ。季節限定のパフェメニューもよいが、何と言っても定番の紅茶のパフェがすばらしい。アールグレイの茶葉を練り込んだワッフル、スリランカの紅茶ルフナのプリン、フィヤンティーヌの食感もはさみつつ、深層にはアールグレイのゼリー。自家製の紅茶シロップをかけつつ食べ進めれば、五感が紅茶で満たされていくのが分かる。その中でも、とりわけ香りの強さが感動的。紅茶とセットで楽しみたい絶品だ。

ティーサロン ジークレフ〈吉祥寺〉

東京都武蔵野市吉祥寺本町2-8-4／☎0422-26-9239
🕒木～月9:00～22:00(21:00LO)、火～水11:00～22:00(21:00LO)／無休

SHOP CHART

香り	★★★★★
構成	★★★☆☆
雰囲気	★★★★☆

斧屋哲学

目をつぶって、香りを待つ。

それは、約束された幸福だ。

ELENA

喫茶エレーナ

季節の果物を使ったシンプルな要素の反復は、クラシック音楽のような快い響き。

小さくカットしたイチゴがかわいい。

(右) イチゴアイスとバニラアイスを存分に使用。880円(税込)／(左) メロンとアイスをこれでもかと。880円(税込)

(右) いちごパフェ
(左) メロンパフェ

横浜山手の高台に慎ましげにたたずむ喫茶店。夏はメロン、秋はマロン、冬〜春はイチゴという3つの季節のメニューは、いずれも背の高いグラスを存分に利用したパフェだ。イチゴパフェで言えば、生クリーム、イチゴ、バニラアイス、イチゴアイスといったシンプルな構成要素の積み重ねで、余計なものを入れない。この同じ要素の反復が心地よい。ボリュームもたっぷりで満足感の高いパフェだ。ちなみにパフェは四半世紀前から量も構成も同じだという。横浜みなとみらいの景色を眺めながら、誠実なパフェをゆっくり堪能する幸せを噛みしめたい。

喫茶エレーナ〈石川町〉
神奈川県横浜市中区山手町24／☎045-662-2723
🕒9:00〜21:00(20:30LO)／水休

SHOP CHART

構成	★★★☆☆
誠実さ	★★★★★
雰囲気	★★★★☆

斧屋哲学

反復もまた快なり。

ラヴェル作曲の『ボレロ』のように。

ACACIER SALON DE THÉ

アカシエ サロン・ド・テ

ケーキの延長線上。「さくっ、かりっ、とろっ」の素材感を大事にしたパフェ。

ヘーゼルナッツのクロッカンの食感がアクセント。

渋皮栗の甘露煮、和栗のアイス、焼き栗のシャンティなど、栗づくし。1,300円（税込）

クープ・モンブラン

TOKYO PARFAIT GUIDE
119
東京パフェガイド

浦和にあるケーキ屋さんのティーサロン。格調高い内装で、自然と気分も高揚する。素材感、季節感を大事にしたクープメニューは1、2か月のスパンで変わる。秋のクープ・モンブランは栗づくしの表層にキャラメルアイスやヘーゼルナッツの風味がほどよく調和。口の中の甘ったるい状況が続かないようにと、クープの深層はジュレに。栗の渋皮煮を作った時に出るシロップのジュレ仕立てと、バニラとラムのジュレの2層。下がすぼまった器なので、ジュレが最後に残り、すっきりと終われる。食後は、すぐそばのパティスリーでお土産を買って帰りたい。

アカシエ サロン・ド・テ〈浦和〉

埼玉県さいたま市浦和区高砂 4-4-19 ／ ☎ 048-764-8146 ／ 🕒 11:00～17:00（16:30LO）／水休（祝の場合翌日休）

SHOP CHART

構成	★★★★★
食感	★★★☆☆
独創性	★★★★☆

斧屋哲学

器の形状が、ゆるやかに食べ方を規定する。

それを計算してパフェは構成される。

PASTRY SHOP LA MORA

ペストリーショップ　ラ・モーラ

毎月新しいパフェと出会える。独立系ホテルの情熱が伝わるパフェ。

はちみつアイスの甘さが
脳天に突き刺さる！

キャラメルをベースに、バナナ、洋梨、はちみつアイス。2014年秋限定。1,100円（税込）

キャラメルパフェ

浦和のロイヤルパインズホテル内のペストリーショップ。デザートブッフェも楽しめる、地元に愛されるお店だ。月ごとに出されるリーフレットの表紙を飾るのはパフェ。なんと毎月新しいメニューを出しているのだ。秋に出会ったキャラメルパフェは、表層にバニラアイスとキャラメルアイスと洋梨、中層に甘さの際立つはちみつアイスと細かく砕いたナッツ。深層はバナナにキャラメルソースがよく絡む。キャラメルをテーマにしたパフェだが、はちみつアイスの強烈な自己主張には降参するほかなかった。さあ、今月はどんなパフェが待っているだろう。

ペストリーショップ ラ・モーラ〈浦和〉
埼玉県さいたま市浦和区仲町 2-5-1 浦和ロイヤルパインズホテル 1F／☎ 048-827-1161／🕒 10:00 ～ 20:00（19:00LO）／無休

SHOP CHART

味の振り幅	★★★☆☆
驚き	★★★★☆
構成	★★★★★

斧屋哲学

月替わり、季節替わりでパフェを出すので、
全く食べきれない。それが渇望を生む。

コラム

パフェの深い話

PARFAIT COLUMN

パフェはいつ生まれたのか？ パフェやサンデーのようなネーミングにはどんな意味があるのか？ どんなパフェがあり、どこで出会えるのか？ パフェ文化の展望など、パフェのちょっと深い話。

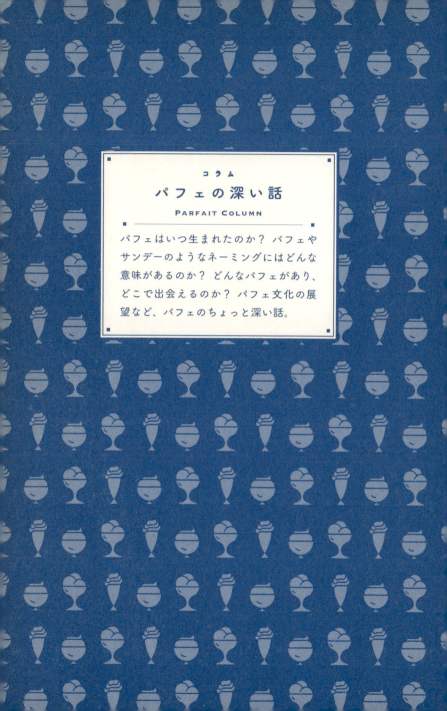

① パフェの歴史を掘り進む。

パフェはいつ生まれたのか。どこまで歴史をさかのぼれるか。とても難しい問題だが、ここでできる限りの探究をしてみよう。

記録に残る最初期のパフェは、外交資料として残されている明治26年（1893）の晩餐会メニューに登場する。「Parfait Fujiyama」、富士山のパフェ、とでもいうようなメニュー名で登場するのだ。明治43年（1910）出版の『氷菓子製法』という本の中にも、「パーフェー」が登場する。しかし、この書籍内で、「此の菓子はナプキンを畳みて皿に敷き其の上に盛りて出す」と書かれていることから、これらは今のパフェのような形態ではなく、平皿に盛る形の、フランス菓子の「パルフェ」の系統に属するようなものだったのではないかと推測される。

では、今につながるパフェの系譜はどこから始まるのか。銀座千疋屋がフルーツパーラーを開くのが大正2年（1913）、フルーツポンチの誕生が大正12年（1923）で、この付近でフルーツのデザートが考案され出したのではないかとのことであった。銀座千疋屋の指導の下で新宿高野がフルーツパーラーを始めるのが大正15年（1926）。開店当時のフルーツパーラーのメニューが、その後に新宿高野が編纂した社史の中で紹介されている。パフェに近そうなものとしては、「フルーツポンチ」「フルーツ蜜豆」「三色サンデー」とある。ここで「サンデー」が登場している。サンデーは19世紀末のアメリカが発祥のデザートである。いよいよ役者がそろってきた感じだ。新宿高野の社史においてパフェの名前を初めて確認できるのは、昭和23〜24年のメニューからだが、おそらく昭和初期にはパフェが登場していたのではないかと考えられる。

これは推測の域を出ないが、パフェというメニュー名が生まれたのは、パフェグラスの誕生と同時ではないかと思われる。果物のデザートは水分が出てびしょびしょになるので、縦型のグラスを作る必要があったようだ。このグラスの誕生とともに、そのグラスに盛られたデザートが「パフェ」と名付けられたのではないか。パフェのイメージにグラスの形状が強く結びついている以上、その出自にグラスが深く関わっていると考えるのが自然であろう。

以上はまだ粗い仮説にすぎない。まだまだ奥が深そうな話である。

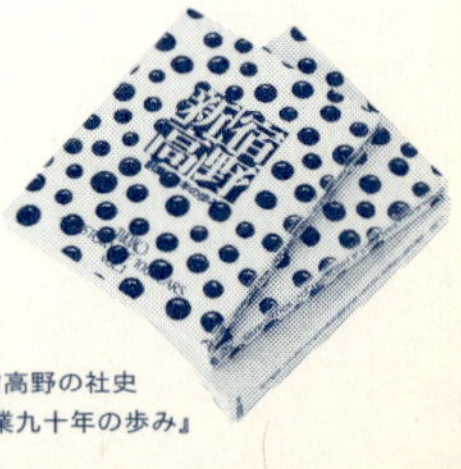

昭和50年発行の新宿高野の社史
『新宿高野百年史 創業九十年の歩み』

②パフェ？ サンデー？ スイーツのネーミング問題。

「パフェとサンデーって、どう違うの?」人生の中で、誰もが一度は向き合わなければならない難問である。しかし結論を言ってしまえば、区別はないし、名付ける方も何となくのイメージで名付けていたりするので、ますますみんなよく分からなくなる。

　以前いくつかのファミリーレストランにパフェとサンデーの名付け方の基準を聞いてみたが、各社まちまちで、器の大小や形状でなんとなく区別しているケースもあれば、内容物のバランスで区別をしているケースもあり、全く足並みがそろっていなくて面白かった。

　スイーツ（デザート）にどのような名前を付けるか、これはスイーツがイメージを大事にする商品であるがゆえに、売り上げを左右する重要なファクターである。たとえばデパ地下の洋菓子売り場で、パフェに近そうなものにどんな名前が付いているか、ざっと挙げてみると左のようになる。

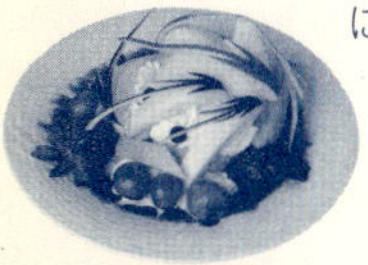
平皿のパフェ（果実園リーベル）

デザート（デセール）／ドルチェ／スイーツ／あんみつ／トライフル／サンデー／ヴェリーヌ／クープ／ムース／リエジョワ／クーラー／パルテール／フラッペ

「パフェって何だろう?」「どういうものをパフェと呼ぶの? ほかのものとどう違うの?」という疑問が湧くことがあるかもしれないが、何をパフェと呼ぶかより、なぜこんなにも呼び名が錯綜しているかを考えるべきであろう。つまり、パフェを含めたスイーツの名前がこんなに多岐にわたるのは、スイーツにとってイメージが非常に重要で、名前自体も商品価値のひとつだからである。嗜好品として、気分を高揚させるひとつの仕掛けとしてネーミングがあるのだ。だからおそらく、これからもスイーツの名前が一定のものにまとまっていくことはないだろう。

四角皿のパフェ（Café 中野屋）

　さて、パフェの表記について、最近「パルフェ」を名乗るところもよく見る。右ページで述べたように、パルフェは平皿で供するフランス菓子なのだが、もはや関係なくパルフェという言葉は使われている。言ってみれば、パフェを少しおしゃれに呼んでみました、ということなのだと思う。スイーツの名前は、そのスイーツの実体を表すようでいて、実体をあやしげにくるむイメージでもある、そんな悩ましいものなのだ。

③ 変幻自在のパフェ、そこかしこ。

　パフェは、いろんな姿で私たちの周りにあふれている。そこに焦点を当ててみよう。

　パフェと、私たちはどこで出会えるだろうか。もちろん、飲食店である。フルーツパーラー、喫茶店、ファミリーレストラン。これが最もスタンダードなパフェとの出会い方だろう。最近は回転寿司でもパフェが頼める。そしてデパ地下の手土産パフェ。ジェラート屋さんのパフェも数多いし、クレープ屋さんでも売っていることがある。あとおすすめしたいのが、デパートの物産展のパフェ。特に「北海道物産展」では、パフェメニューが出ていることが多いから、要チェックだ。他には、カラオケのデザートメニュー、スーパーやコンビニのチルドコーナー。コンビニでは、冷凍ケースの方でも、ガリガリ君でおなじみの赤城乳業のパフェを何種類も見かけることがある。お菓子屋さんが冷凍のパフェを通販していたりもする。また、果物の産地では、農園にカフェを併設して、新鮮なフルーツパフェを食べさせてくれるところも数多い。こうして考えれば、世の中パフェだらけである。

赤城乳業のパフェデザートより
「ラムレーズン」「チョコバニラ」

　続いて、飲食店で食べられるパフェの表現の幅広さについて見ていこう。パフェは、かっちりとした定義のようなものが共有されていないだけに、自由度の高いデザートである。したがって、作り手の発想次第で、いろんなパフェができてしまう。一般的なパフェイメージ――背の高い透明なグラスに、アイスやフルーツなどを盛りつけた冷菓――という緩やかなくくりはほとんどないに等しい。ここまで紹介してきたように、器はいろいろ遊べる。透明でなくてもいい、背が高くなくてもいい、平皿でもパフェを名乗れてしまう。温かいものを使ってもいい、温かいソースをかけてもいい。本書では扱わなかったが、野菜を使ったパフェや、ジャンボパフェなどもある。ジャンボパフェは、パフェの中の一大ジャンルになっているとも言えるし、これこそパフェらしいパフェだと思う人もいるかもしれない。

　つまり、どこにでもある、何でもありの世界。こんなにもパフェの地平は広い。

④ パフェ文化論。

パフェには、食べ物を超えた、デザートを超えたいろいろな可能性があるのではないか。本書によって、ある固定化されたパフェのイメージを軽々と飛び越えた、千差万別の、時に奇想天外なパフェの数々がたくさんあることを知ってもらえたかと思う。ここでは、食文化としてのパフェの可能性について考えてみたい。

ひとつには、健康食としてのパフェという可能性がある。フルーツパフェで果物不足を補う、あるいはヨーグルトやグラノーラやアサイーといった健康志向の食材でできたパフェを食事代わりにする。パフェをジャンクで不健康なものとは真逆の方向性で考えることができる。これと関連して、パフェをお休みの日のご褒美的な位置づけとしてだけでなく、たとえば朝や夜に合ったパフェを食べるという食習慣ができてもいい。

次に、美的体験としてのパフェの可能性。再三述べたように、パフェは五感すべてを刺激する美的な体験である。これは他の娯楽や芸術にはない、食べる行為の大きな可能性である。その中でも、パフェは旬のもの、溶けるものの刹那性と向き合える崇高な時間芸術なのだ。

また、パフェはその構造上、作り手の表現する主題と、食べ手の自由な解釈とがせめぎ合う場でもある。上から下へ進むことは緩やかに決められているが、食べ手がどこかで全体を混ぜてしまうかどうか、掘り返して下から食べてしまうかは自由である。そこに作り手との無言の対話が生まれる。パフェは、2人で食べたり、みんなで食べるのも楽しいが、以上の芸術的観点で見るなら、1人でじっくりパフェと向き合うのも粋なものである。あるいは、みんなで鑑賞会を開くのもいい。一方、実際にカスタマイズをお願いできるお店もある（「コーンフレーク抜きで」とか「生クリーム多めで」とか）が、そこまでくれば、でき上がるプロセスを楽しむエンターテインメントにもなる。それは音楽の演奏やダンスの演技を鑑賞するあり方に近いかもしれない。

パフェは新しい世界観との出会いである。食べたことのないフルーツ、感じたことのない新しい食感、見たことのない造形。そこから得たインスピレーションが精神を彩る。そんな風にパフェが文化的な存在になればいい。

あ、いやちょっとパフェを持ち上げすぎました。パフェが面白いのは、誰にでも手の届く庶民性と、高級感が同居したイメージの幅広さである。誰もがアクセスでき、一方で、はまると深い。そんなパフェが大好きです。

索引

〈 〉内は最寄り駅です。

渋谷・原宿・表参道

渋谷西村フルーツパーラー〈渋谷〉 14
グラッシェル〈表参道〉 36
ぎおん徳屋〈原宿〉 49
表参道 茶茶の間〈表参道〉 52
シルクレーム〈渋谷〉 90
ブラッスリー・ヴィロン〈渋谷〉 91
よーじやカフェ
渋谷ヒカリエShinQs店〈渋谷〉 92
カカオサンパカ南青山〈表参道〉閉店 94
ニコラシャール〈表参道〉閉店 95
文房具カフェ〈表参道〉 96

目黒

果実園リーベル〈目黒〉 16

新宿・西武新宿線沿線

タカノフルーツパーラー新宿本店〈新宿〉 12
名曲・珈琲 新宿らんぶる〈新宿〉 54
チャイナティーサロン 茶語〈新宿〉 97
カフェ エスト！エスト！〈新宿〉閉店 98
和カフェ ユソーシ〈新宿〉閉店 99
サンフルール〈都立家政〉 113

赤坂・四谷

フルーツパーラーフクナガ〈四谷三丁目〉 18
ホットケーキパーラー フルフル〈赤坂〉 24
サツキ〈赤坂見附〉 42
パティスリー＆カフェ デリーモ〈赤坂見附〉 44

六本木・麻布十番

トシ・ヨロイヅカ〈六本木〉 34
アンリ・ルルー〈六本木〉閉店 100
ジェラテリア マルゲラ〈麻布十番〉 101

池袋・西武池袋線沿線

カフェコムサ 池袋西武店（旧ベリーパーラー）〈池袋〉 25
ミルキーウェイ〈池袋〉 109
カフェのら〈椎名町〉 110

銀座・新橋

銀座千疋屋〈銀座〉 10
資生堂パーラー 銀座本店
サロン・ド・カフェ〈銀座〉 20
パーラーキムラヤ〈新橋〉 62
銀座コージーコーナー
銀座1丁目本店〈銀座一丁目〉 76
福光屋 松屋銀座店〈銀座〉 76
和光アネックスティーサロン〈銀座〉 77
銀座文明堂 東銀座店〈東銀座〉 77
ノアカフェ〈銀座〉 77
銀座ぶどうの木〈銀座〉 78
ピエールマルコリーニ〈銀座〉 78
銀座 和蘭豆 壱番館〈銀座〉 78
リンツ ショコラ カフェ〈銀座〉 79
茶寮 吉兆庵〈銀座〉 79

〈東京・三越前・人形町〉
茶寮都路里〈東京〉……48
鶴屋吉信〈三越前〉……50
森乃園〈人形町〉……53
ショコラティエ パレド オール〈東京〉……102
ジェラシー バイキャンベルアーリー〈三越前〉閉店……103

〈千駄木〉
和栗や〈千駄木〉……107

〈神楽坂〉
ジェラテリア テオブロマ〈神楽坂〉……108

〈秋葉原・上野・浅草〉
フルーツパーラーゴトー〈浅草〉……19
フルーフ・デゥ・セゾン〈末広町〉……23
フルーツパーラー&バー オータムリーフ〈秋葉原〉閉店……104
上野凮月堂パーラー〈上野〉……105
ミルク&パフェ よつ葉ホワイトコージ〈とうきょうスカイツリー〉……106

〈東急東横線沿線〉
マッターホーン〈学芸大学〉……28
ドゥー パティスリーカフェ〈都立大学〉移転……40
カフェ コクセン〈自由が丘〉……51
アンジン〈代官山〉……93

〈小田急小田原線沿線〉
成城ル・フルティエ〈成城学園前〉……21
アステリスク〈代々木上原〉……32
パティスリー ビヤンネートル〈代々木上原〉……38
Café中野屋〈町田〉……64
カフェティント〈下北沢〉……111
フルーツパーラーICHIMAN（旧フルーツパーラーいちまん）〈経堂〉……112

〈赤羽〉
プチモンド〈赤羽〉……22

〈西葛西〉
フォーシーズンズカフェ〈西葛西〉……114

〈吉祥寺〉
ウッドベリーズマルシェ〈吉祥寺〉……115
スイーツ&カフェバー ラフルッタ〈吉祥寺〉移転……116
ティーサロン ジークレフ〈吉祥寺〉……117

〈東京近郊〉
喫茶エレーナ〈横浜・石川町〉……118
アカシエ サロン・ド・テ〈さいたま・浦和〉……119
ペストリーショップ ラ・モーラ〈さいたま・浦和〉……120

〈その他〉
ロイヤルホスト……8
大戸屋……30
不二家レストラン……46
ミニストップ……56
銀のぶどう……72
パティスリーモンシェール……88

TOKYO
PARFAIT
SCIENCE
東京パフェ学

ブックデザイン：佐藤亜沙美（サトウサンカイ）

撮　　　影：アラタケンジ
　　　　　　（p3-7, 10-25, 27-29, 32-45, 48-55,
　　　　　　62-65, 68-69, 72, 4-79（人物）, 88）
　　　　　　斧屋（p76-79（店）, 90-120）

イラスト：阿部伸二（p74-75）
　　　　　　能町みね子（p80-81, 84-85）

校　　　閲：畠山育子

編　　　集：村岡利恵、田中薫（文化出版局）

東京パフェ学

発行：2015年 3月29日　第1刷
　　　2017年 1月30日　第2刷

著　者：斧　屋
発行者：大沼　淳

発行所：学校法人文化学園 文化出版局
〒151-8524 東京都渋谷区代々木3-22-1
☎ 03-3299-2485（編集）
☎ 03-3299-2540（営業）

印刷・製本所：株式会社文化カラー印刷

©Onoya 2015 Printed in Japan

本書の写真、カット及び内容の無断転載を禁じます。本書のコピー、スキャン、デジタル化等の無断複製は著作権法上での例外を除き、禁じられています。本書を代行業者等の第三者に依頼してスキャンやデジタル化することは、たとえ個人や家庭内での利用でも著作権法違反になります。
文化出版局のホームページ http://books.bunka.ac.jp